KOMPASS

LEXIKON 182

Isarwinkel

Lieber Wanderfreund,

KOMPASS ist ständig bemüht, die Qualität seiner Verlagsprodukte zu steigern. Vor allem Ihre **Korrekturhinweise und Verbesserungsvorschläge sind uns stets willkommen**. Sie helfen damit, die nächste Auflage noch aktueller zu gestalten. Bitte schreiben Sie an:

KOMPASS-Karten GmbH
Kaplanstraße 2, A-6063 Rum/Innsbruck
Fax 0043/(0)512/26 55 61-8
e-mail: kompass@kompass.at
http://www.kompass.at

Der Verlag dankt Ihnen schon im voraus für Ihre Mitteilungen. Jede Einsenderin und jeder Einsender nimmt am Jahresende an einer unter Ausschluss des Rechtsweges stattfindenden Verlosung von 50 Preisen teil:

1. – 3. Preis: je 1 Hochgebirgs-Leichtrucksack
4. – 10. Preis: je 1 Bildband
11. – 50. Preis: je 1 KOMPASS-Wanderkarte nach Wahl.

Ihre Zuschrift sollte neben der Angabe des Titels, des Planquadrates und der Auflage auch Ihren Namen und Ihre genaue Anschrift enthalten. Die Informationen werden selbstverständlich vertraulich behandelt und Ihre persönlichen Daten nicht gespeichert.

Bildnachweis:
Titelbild Karte und Textheft: Isarwinkler Berge bei Lenggries (Amateur-Dia/K. Knirk)
Fremdenverkehrsverein Jachenau S. 8, 31; Gästeinformation Bad Heilbrunn S. 22; Hirtlreiter S. 9, 28, 29, 35, 37; Kuramt Bad Wiessee S. 25; Kuramt Rottach-Egern S. 39; Kurverwaltung Bad Tölz S. 23; Mayer S. 11, 33, 45 Oberarzbacher S. 5, 16.

Verlagsnummer 182 • Auflage D2a
ISBN 3-85491-234-X

KOMPASS-LEXIKON

Die KOMPASS-Wanderkarte 1:50 000, Blatt 182 **Isarwinkel**, umfasst in ihrer unteren Hälfte das Karwendelgebirge und seine nördlichen Ausläufer, das Achenseegebiet und den Westteil des Rofans. Durch die tief eingeschnittenen Haupttäler, die mit Ausnahme des Achentales vorwiegend in Westostrichtung verlaufen, ziehen gut angelegte Fahrstraßen. Auf den wichtigsten Jöchern stehen modern eingerichtete Schutzhütten und Bergwirtshäuser. Die lohnendsten Gipfel können auf markierten Wegen und gesicherten Klettersteigen erreicht werden. Weite Almgebiete umschließen die Gipfel, die im Rofan mit dem Hochunnutz (2075 m) die 2000-Meter-Marke überschreiten.
Der obere Kartenteil wird von den dicht bewaldeten bayerischen Voralpen und vom Isartal bestimmt. Im westlichen Teil ist die 1800 m hohe Benediktenwand („Benewand") die unumstrittene Herrscherin, ringsum umgeben von einer Schar untergeordneter, meist waldbedeckter Gipfel. Die letzte Bastion des Kammes der Benediktenwand nach Osten ist das Brauneck, 1555 m, das als Skiparadies berühmt ist und von Lenggries aus mit der Seilbahn erreichbar ist. Ein Seitental der Isar, die Jachenau, bildet südlich der Benediktenwand die Verbindung zum Walchensee. Sie ist auf Grund ihrer Verkehrslage noch sehr ruhig geblieben. Südlich der Jachenau befindet sich der Sylvensteinsee, ein Stausee, der zur Energiegewinnung und zum Abfangen der Frühjahrshochwasser dient.
Die ebene Landschaft im Norden ist reich gegliedert durch Moränenhügel und Molassezüge. Die Molasse ist eine überwiegend aus Sandsteinen und Konglomeraten (Nagelfluh) bestehende geologische Gliederung, die auch die großen Moorflächen nördlich des Kochelsees abschließt. Diese Moorgebiete sind durchwegs ehemalige Seeböden. Noch im Frühmittelalter reichte der Kochelsee, heute weitab im Süden, bis zum uralten Kloster von Benediktbeuren. Die verlandeten Gebiete sind Brutgebiete und Aufenthalt vieler Wasservögel, darunter auch von Arten, die sonst schon selten geworden sind. Ähnliches gilt für die Pflanzenwelt dieser Gebiete. Den größten Schmuck bilden jedoch die Seen selber. Neben zahlreichen kleinen Seen und Weihern sind dies vor allem der Walchensee, der Kochelsee, der Tegernsee sowie der künstlich aufgestaute Sylvensteinsee. Entlang des Gebirgsrandes finden sich Heilquellen in Bad Heilbrunn und Bad Tölz. Die größten Flüsse im Kartenblatt sind die Loisach und die Isar, deren Namen vorrömischen, wahrscheinlich keltischen Ursprungs sind. Auch mehrere Ortsnamen dieses Raumes gehen auf die keltische Vorbevölkerung zurück, die die Römer hier antrafen, als sie die Alpentäler und das Vorland bis zur Donau unterwarfen und die Provinz Rätien schufen. Mit den gut ausgebauten Römerstraßen beginnt das eigentlich geschichtliche Leben in den Tälern. Auch nach dem Zusammenbruch der Römerherrschaft blieben Romanen in den Tälern sesshaft. Die Bajuwaren nannten sie Walchen, daher die Namen Walchensee und Wallgau. Bajuwarensiedlungen entstanden nahe der als Verkehrsweg noch immer wichtigen Römerstraße. Die meisten Dauersiedlungen enstanden erst im hohen Mittelalter durch Rodung. Zunächst traten hochadelige Geschlechter als Grundherren auf – die Huosi, dann die Welfen, die Grafen von Andechs, die Grafen von Eschenlohe und die Herren von Mindelberg, von Seefeld und von Weilheim. Vom 8. bis ins 13. Jahrhundert aber gingen immer mehr Herrschaftsrechte in geistliche Hand. Diese Entwicklung begann mit der Gründung und Ausstattung des Klosters Benediktbeuern (740) und des Klosters in der Scharnitz (763), das wenige Jahre später nach Schlehdorf verlegt wurde, und sie fand ihren Abschluss, als Kaiser Ludwig der Bayer 1330 im Ammergau das Kloster Ettal gründete und es mit Grundbesitz und Rechten ausstattete wie eine Reichsabtei.

Politisch gehört heute die auf dem Kartenblatt dargestellte Landschaft in ihrem südlichen Abschnitt zu dem österreichischen Bezirk Schwaz in Tirol, im nördlichen Bereich zu den oberbayerischen Landkreisen Garmisch-Partenkirchen, Miesbach und Weilheim-Schongau.

Das Karwendelgebirge

Das Karwendelgebirge gehört zu den Nördlichen Kalkalpen. Schon infolge der durchschnittlichen Höhe seiner Gipfel, aber auch durch seine beachtenswerte Ausdehnung stellt es ein wichtiges Glied dieser Alpenkette dar. Dabei ist das ganze Gebiet, besonders wegen seiner reichen Talgliederungen, für den wandernden Bergsteiger ein Dorado an genussreichen Gebirgstouren. Zudem birgt das Karwendel landschaftliche Schaustücke, wie den Kleinen und Großen Ahornboden, die Lalidererwände, das Vomperloch u. a. m., die sich in ihrer Art wohl mit den berühmtesten Gegenden der Dolomiten vergleichen lassen. Was dem Karwendel darüber hinaus besondere Schönheit verleiht, ist die ungemeine Längsentwicklung seiner schroffen Wände, die über walderfüllten Talgründen aufragen. Diese ungebrochenen Wandfluchten, mit denen fast alle Ketten des Karwendels nach Norden hin abbrechen, ziehen nicht nur das Auge des erfahrenen Bergsteigers an sich, sondern begeistern vor allem den einfachen Wanderer, der an ihrem Fuße stundenlang auf gebahnten Wegen und Steigen „von Hütte zu Hütte" zieht. Neben der ausgedehnten Wandbildung am Nordabfall der Kämme prägen die mächtig entwickelten Kare, die meist am sanfteren Südabfall der einzelnen Ketten eingelagert sind, die Eigenart des Karwendels. Steile Felswände schließen meist an drei Seiten die weite Karmulde ein, deren Grund durch endlose Schutthalden und Schneereste ausgefüllt wird, während die oft etwas erhöhte Karschwelle von dürftigen Weideplätzen bedeckt wird. In hohen, felsigen und und nicht selten ganz ungangbaren Wandstufen (Mühlwänden) bricht der Karausgang gegen das tiefer liegende Haupttal ab. Hoch über Kar und Wand aber reihen sich Gipfel an Gipfel, oft durch messerscharfe Grate verbunden, die mit dazwischen gelagerten Türmen und Nadeln durchsetzt sind.
Der Name Karwendel wurde früher von den für dieses Gebiet charakteristischen Formen, den Karen und Wänden, abgeleitet. „Karwendel" ist jedoch nach den Forschungen des Innsbrucker Professors Dr. Walde auf die alten Veneter zurückzuführen, die einst in grauer Vorzeit mit den Kelten weite Alpengebiete bewohnten. Die Namen „Karawanken" und „Karwendel" werden von dem altvenetischen „karwant", soviel wie felsig, steinig, abgeleitet. Das heute noch im Italienischen gebräuchliche Wort „scaranto", das mit „nackter Fels" zu übersetzen ist, ist ein Überrest aus dem Altvenetischen und bildet auch den Stamm der Namen „Scharnitz (Scarantia)" und „Kärnten (Carantia, Charintia)". Auch andere nichtdeutsche Namen wie Lafatsch, Falzthurn, Schleims, Ladiz, Gramai, Laliders usw., deuten darauf hin, dass die Täler schon in vorgeschichtlicher Zeit bekannt waren und begangen wurden.
Bereits im frühen Mittelalter drangen neben Jägern auch Bergleute ins Innere des Karwendels ein. Im Jahr 1484 wurden im heutigen Hinterriß Eisenlager entdeckt und um 1544 wurde hier von den Augsburger Fuggern ein Eisenbergwerk samt Schmelze betrieben. Hinterriß hieß damals „Maria Schmelz". 1532 wurde im Karwendeltal auf Galmei (kohlensaures Zink) gegraben und um 1594 im Gleirschtal ein ergiebiger Silbererzbau eröffnet.
Obwohl naturgemäß von Jägern in Ausübung ihres Berufes eine ganze Reihe von Hochgipfeln schon früher erstiegen wurden, begann die touristische Erschließung des Kar-

Kleiner Ahornboden mit Birkkarspitze, 2749 m

wendels erst um 1860. Der unvergessliche Hermann von Barth war es, der schon als 24-jähriger, tatenlustig und begeistert, in die Geheimnisse des Karwendels eindrang, als Alleingeher ohne Führer fast alle Gipfel als erster bestieg und vom ganzen Gebiet topographische Zeichnungen anfertigte. Er schrieb darüber das klassische Werk „Aus den nördlichen Kalkalpen". Am „Kleinen Ahornboden" ist ihm inmitten seiner heißgeliebten Bergwelt ein Denkmal gesetzt.

Heute ist das Karwendel ein Berggebiet, das auch der Bequemste durchwandern kann. Zum Glanzpunkt „Großer Ahornboden" führt sogar eine asphaltierte Straße, mit der auch der Massentourismus dort endet. Wer ganz in den Genuss der Schönheiten der Bergwelt kommen will, wählt als Wanderziel das Frühjahr oder den Herbst. Duftende Alpenblumen in ihrer schönsten Blüte oder bunte Bergwälder, umrahmt von der erhabenen Bergwelt, sind des Wanderers Lohn.

Zum Schluss sei noch besonders darauf hingewiesen, dass das Karwendelgebirge als **"Alpenpark Karwendel"** geschützt wird. Der Alpenpark umfasst 11 Naturschutz-, Landschaftschutz- und Ruhegebiete mit einer Fläche von 790 km^2. In diesem gesamten Naturschutzgebiet, sowohl in Bayern als auch in Tirol, werden das Pflücken von Blumen und das Beunruhigen von Wild streng geahndet. Auch im eigenen Interesse scheint es ratsam, jeden Lärm zu unterlassen, denn nur dann kann man des völligen Genusses einer Bergwanderung sicher sein. In den letzten 30 Jahren wurden neue Wege erbaut, alte wesentlich verbessert. Die Unterkunftshäuser wurden dabei erweitert, um den Touristenstrom aufnehmen zu können. Auch wurden manche Erleichterungen für den Zugang in früher völlig unerschlossene Gebiete gewährt, die für Jagdzwecke absichtlich einsam gehalten wurden.

Gliederung des Gebirges

Die Gliederung des Gebirges ist durch drei von Westen nach Osten in das Gebirge eingeschnittene Talfurchen bedingt, die es in vier mächtige, fast gleichlaufende Ketten zerteilen; die Ketten werden meist nach den sie im Süden begrenzenden Talzügen benannt. Als südlichste Kette erhebt sich unmittelbar nördlich des Inntales die Inntal- oder Solsteinkette, an die sich im Westen die Seefelder Gruppe anschließt. Nördlich folgt die Gleirsch-Halltalkette. Die dritte Kette fußt in ihrem westlichen Teil südlich im Hinterautal, im östlichen Teil im Vomperloch, und man nennt sie daher die Hinterautal-Vomperkette. Sowohl an Höhe als auch an Längsentwicklung ist sie die mächtigste der vier Ketten und trägt mit der Birkkarspitze (2749 m) und den Ödkarspitzen (2711 m, 2743 m bzw. 2739 m) die höchsten Gipfel der Gesamtgruppe, während die Halltalkette im Großen Bettelwurf (2725 m), die Inntalkette im Kleinen Solstein (2633 m) ihre größte Erhebung erreichen. Die vierte, nördlichste Kette begleitet nordwärts das Karwendeltal in einem nach Süden offenen Bogen und wird als Nördliche Karwendelkette bezeichnet. Sie ist kaum halb so lang wie die Hinterautal-Vomperkette und gibt im Osten vier quergestellten Zweigkämmen (oder Ästen) Raum. Es sind dies: Der Falkenast zwischen Johannes- und Laliderertal (Lalidererer Falk, 2428 m), der Gamsjochast zwischen Laliderer- und Engtal (Gamsjoch, 2452 m), der Sonnjochast zwischen Eng- und Falzthurntal (Sonnjoch, 2457 m) und zum Schluß der Rauher-Knöllast zwischen Falzthurntal und Stallental (Rauher Knöll, 2277 m). Ganz im Norden begrenzen die Soierngruppe (Soiernspitze, 2257 m) und das Karwendel-Vorgebirge (Schafreiter, 2102 m) die gewaltige Ausdehnung des Karwendels. Das Karwendel umfasst rund 920 Quadratkilometer. Diese gesamte Fläche ist im Innern mit Ausnahme der Hinterriß von keiner ganzjährig bewohnten menschlichen Siedlung durchbrochen. In diesem Gebiet gibt es auch weder eine Eisenbahnlinie noch einen größeren Straßenzug. Nur schmale, dem Hochgebirgscharakter angepasste Ziehwege, Wanderwege und Steige durchziehen die einzelnen Täler. Die einzige Zufahrt (nur im Sommer-Halbjahr) kommt von Norden über Hinterriß in die Eng. Sie wird als Mautstraße unterhalten, um den Touristen die Zufahrt zum Großen Ahornboden zu ermöglichen. Die herrlichen Längstäler der West- und Ostseite stehen fast durchwegs durch verhältnismäßig tief eingeschnittene, leicht überschreitbare Sättel miteinander in Verbindung. Querverbindungen dagegen sind selten und auch schwieriger begehbar.

Geologie

Das Karwendelgebirge, ein Stück der Nördlichen Kalkalpen, besteht fast ausschließlich aus Meeresablagerungen. Seine Gesteinsmassen entstanden in der Trias-, Jura- und Kreidezeit. Außerdem finden sich noch in den Tälern und Karen Schuttmassen, die während und am Ende der Eiszeit von Gletschern und fließendem Wasser dort abgelagert wurden. Die ältesten Ablagerungen gehören zum Buntsandstein. Es sind rote, grüne und weiße Quarzsandsteine und Tonschiefer. Es treten auch mächtige Rauhwacken und dunkle weißadrige Kalke und Dolomite auf, welche stellenweise Salz- und Gipslager einschließen. Darüber breiten sich feste Muschelkalkschichten aus, die reichlich Hornstein enthalten. Am Südabfall des Karwendels wurde in diesen Schichten eine reichliche Ammonitenfauna entdeckt. Der Muschelkalk geht nach oben mit den Partnachschichten in den über 1000 m mächtigen Wettersteinkalk über. Dieser gibt den Gipfel und Wänden des südlichen Karwendels ihr charakteristisches Aussehen. Schon von weitem fällt der Wettersteinkalk durch seine großen, geschlossenen Wände, die lichte Farbe und das feste Gefüge auf. Das Gestein birgt an manchen Stellen silberhaltige Blei- und Zinkerze, die in früheren Jahrhunderten im Bergbau gewonnen wurden. Alte Erzstollen finden sich an manchen Stellen. Die Deckschicht des einheitlichen, festen Wettersteinkalkes bilden die Raibler Schichten. Sie sind die versteinerungsreichste Ablagerung des Karwendels und bestehen aus ganzen Bänken von Muschelschalen, die manchmal sogar noch ihren Perlmuttglanz behalten haben. Die Verwitterung frisst die weichen Mergel zwischen den festeren Kalk- und Rauhwackenlagen heraus, so dass bei steiler Stellung die schmalen und hohen Kalkbretter und die schlanken Rauhwackentürme eine großartige Gotik erzeugen. Über graue Rauhwacken geht diese Ablagerung in den mächtigen Hauptdolomit über. Diese Meeresablagerungen wurden in den folgenden geologischen Zeiträumen übereinandergeschoben. Durch diese Faltungen und Pressungen entstanden die Grundformen, die dann durch Erosion oft in grotesker Weise weiter geformt wurden. Während der letzten Eiszeit wurde das Karwendel von eigenen Gletschern beherrscht, aber auch Gletscher aus den Zentralalpengebieten flossen darüber in die Voralpenlandschaft (Oberbayerische Hochebene). Es wird angenommen, dass auch nach der Eiszeit die Vergletscherung des Karwendels noch lange anhielt, was die zahlreichen Moränenringe beweisen, die sich in den meisten Karen befinden.

Ausgangsorte für Touren in das Karwendelgebirge sind im Bereich dieser Karte vor allem Achenkirch, Pertisau, Hinterriß und die Engalm.

Der Rofan

gehört zu den Nördlichen Kalkalpen und wird begrenzt durch den Achensee, das Inntal und die Brandenberger Ache. Es ist wegen seiner abwechslungsreichen Bergformen und der zahlreichen Möglichkeiten sowohl für leichte Bergwanderungen und Gipfelbesteigungen als auch für zünftige Klettertouren berühmt. Der höchste Punkt des in sich abgeschlossenen Gebirgsstockes ist die Hochiß (2299 m), als weitere leicht zu besteigende Gipfel und bekannte Aussichtspunkte gelten die Rofanspitze (2260 m) und das gegen das Inntal vorgeschobene Vordere Sonnwendjoch (2224 m). Der meistbestiegene Gipfel aber ist der Gschöllkopf, der als 2039 m hoher schroffer Kegel aus dem Hochplateau aufragt. Eine vielfältige Alpenflora, Gämsen und Murmeltiere erfreuen das Auge des aufmerksamen Naturfreundes.

Ausgangsorte für Touren in den Rofan sind im Bereich dieser Karte vor allem Achenkirch, Maurach und Buchau.

Die Pflanzenwelt

Dem geologischen Aufbau, den verschiedenen Höhenlagen und klimatischen Bedingungen entsprechend ist die Flora überaus artenreich. Prächtige Wälder findet man in den Tallagen und an den Südhängen. Die Fichte ist hier am meisten vertreten. Daneben gibt es größere Bestände an Lärchen und Buchen und vor allem an Ahorn. Eine Wanderung durch das herbstliche Karwendel zeigt die ganze Palette der Farben. An den Hängen steigt der Wald fast nirgends hoch hinauf, weil dem Wettersteinkalk eine gute Humusauflage fehlt. Um so höher reichen die dunklen Felder der Latschen (Zundern, Krummholz, Legföhren). Zirben treten nur vereinzelt an der Waldgrenze auf. Die Alpenrose bedeckt weite Hänge und gibt der Landschaft im frühen Sommer prächtige Farbkleckse. An einsamen Stellen, besonders an steilen Südhängen, stehen in großer Zahl die Bergprimeln (Platenigl), intensiv gelb und stark duftend. Steinröserl und viele andere seltene Blumen findet man nur weit abseits in einsamen Karen und Wänden. Insbesondere das Edelweiß ist sehr selten.

Die Tierwelt

Die Jagd spielt auch heute noch eine wichtige Rolle. Der reiche Wildbestand an Gämsen, Hirschen, Rehen und Murmeltieren kann in den Wäldern und Karen vielfach beobachtet werden. Aber auch Schneehasen, Schneehühner, Auer- und Birkwild sind hier beheimatet. Im Winter bilden die Wildfütterungen, die an zahlreichen Orten durchgeführt werden, ein beliebtes Schauspiel für die Besucher.
Der aufmerksame Wanderer kann auch den Steinadler beobachten, dessen Bestand sich dank des strengen Schutzes in den letzten 30 Jahren erholt hat. In früherer Zeit wurde er als „Raubwild“ stark verfolgt.
Im Achental und im Karwendelgebirge lebten einst Bären. Herzog Friedrich mit der leeren Tasche, ein leidenschaftlicher Bärenjäger, veranstaltete im Jahr 1416 im Achental eine Bärenjagd. Im Jahr 1501 besuchte Kaiser Maximilian das Achental und

Steinbock auf der Benediktenwand

lud seine Gäste zu einem „Bärengejaide" ein. Im letzten Viertel des 16. Jh.s wurden im Achenseegebiet 20 Bären erlegt. 1834 wurde ein Bär in der Hinterriß gesehen, der später in Steinberg erlegt wurde. Der letzte Bär wurde am 14. Mai 1898 oberhalb von Fiecht erlegt. Heute erinnern noch Ortsnamen an einst hier lebende Bären: z. B. die Bärenbadalm und der Bärenkopf südlich von Pertisau.

Das Volkstum

Die Tracht: Die alte Tracht des Werdenfelser Landes und des Isarwinkels sieht man fast nur noch an hohen kirchlichen Festtagen, vor allem bei der Fronleichnamsprozession. Da tragen die Werdenfelser Frauen das Seidengewand und dazu ein fesches Hüterl, während die Otterfellmütze im Isarwinkel zu Hause ist. Die Männer dagegen gehen in der „Kurzen" und weißen Wollstrümpfen, dazu den Gamsbarthut und im Isarwinkel einen langen Tuchrock über der Kniehose.
Die Tegernseer haben ihre eigene Tracht. Weite Röcke mit seidenen Schürzen, keinen Umhang, am Kopf ein federgeschmücktes, fesches Hüterl – so die Frauen. Die Männer tragen eine „Kurze", dazu weißes Hemd und Gamsbart am runden Hut. Bei allen festlichen Anlässen erscheint das Paar in Tracht, besonders aber am „Großen Rundgang", bei Hochzeiten und den „Hohen Feiertagen". Fast jedes Dorf bzw. jede Gemeinde hat eine eigene Musikkapelle und einen Schützenverein; die Mitglieder tragen bei Veranstaltungen ihre schönen Trachten.

Die Siedlungen: Alle Dauersiedlungen außer den Hauptorten und den Fischersiedlungen an den Seen waren ursprünglich Schwaigen, das heißt Viehhöfe, die nur das für den Eigenbedarf Nötigste anbauten, im übrigen Milchvieh hielten und dem Grundherrn von je 6 Kühen jährlich 300 Laib Käse zu liefern hatten. Die zunächst großen, extensiv wirtschaftenden Schwaigen wurden im Spätmittelalter mehrfach geteilt, wobei die Käseabgaben in feste Grundzinsen umgewandelt wurden. So entstanden aus den alten Schwaighöfen allmählich die heutigen Weiler und Dörfer. In den Tälern des Karwendels entstanden keine Dauersiedlungen, weil sie hoch mit Kalkschutt ausgefüllt sind. In Hochlagen, in denen keine Dauersiedlung möglich war, entstanden auf feuchtigkeitshalten-

Altes Bauernhaus in Sachenbach

den Schichten (Partnachschichten, Raibler Schichten) die Almen. Im Jahr 1536 gab es im Werdenfelser Land 25 Almen. Im Großen gesehen fehlt im Karwendel die eigentliche Almregion zwischen der Wald- und Felsregion, da das Kalkgestein zu wenig Niederschlagswasser hält. Dagegen sind die Gebiete östlich des Krottenkopfes im Estergebirge bis hin zur Jachenau mit vielen Almen überzogen, von denen nun allerdings viele wieder aufgegeben wurden bzw. werden.

Das Bauernhaus: Neben dem Mittertennhaus, dessen Eingang in der Mitte der Giebelseite liegt und dessen Tenne die Wohnräume vom dahinterliegenden Stall trennt, gibt es im Werdenfelser Land häufig eine asymmetrische Form des Einfirsthofes, bei der Tenne und Stall nicht hinter dem Wohnteil, sondern seitlich daneben angeordnet sind. Die Giebelseiten haben über dem gemauerten und verputzten Untergeschoss oft reich geschnitztes Bundwerk (Gitterfachwerk) oder tragen Wandmalereien. Da es kaum Getreideanbau gibt und das auf den hochgelegenen „Wiesmähdern" gewonnene Heu in der Regel draußen in den kleinen Heustadeln gelagert wird, bis man es im Winter mit dem Schlitten einbringen kann, brauchen die Werdenfelser Bauern nicht so viel Vorratsraum (Stadel, Scheune) wie die Bauern des Flachlandes.

Die Berg- und Flurnamen: Einige Namen und Namensbestandteile kommen sehr häufig vor. Dabei ist zu beachten, dass als Berg im Altbayerischen nur die nutzbaren Hänge bezeichnet werden, die Gipfel heißen Spitz oder Kopf. Lahner (amtsdeutsch: Lähne) sind Furchen, in denen Lawinen niedergegangen sind. Laine heißt der immer fließende wilde Bergbach.

Die Seen

Der **Achensee** ist Tirols größter und unbestritten schönster See ist rund 10 km lang, etwa 1 km breit und bedeckt eine Fläche von 719 Hektar. Seine tiefste Stelle (133 m) wurde 1837 vom Erforscher des Dachsteins, dem Wiener Geographen Simony, ausgelotet. Der See, der das bevorzugte Jagd- und Fischgebiet von Erzherzog Sigismund und von Kaiser Maximilian I. war, gehörte Jahrhunderte hindurch dem Benediktinerstift St. Georgenberg-Fiecht. Nach dem Ersten Weltkrieg wurde er an die Tiroler Wasserkraftwerke verkauft, denen er heute als Speicher für das 1927 bei Jenbach erbaute Achensee-Kraftwerk dient.

Der **Tegernsee** ist ein Geschenk der Eiszeit, die nach der Auffaltung der Gebirge 600 000 Jahre währte und unvorstellbare Massen Eises von den Zentralalpen her in den Tälern von Lech, Isar, Inn und Salzach nach Norden, bis vor die Tore des heutigen München geschoben hat. Der Großteil auch unserer Berge lag unter einem mächtigen Eispanzer. Nur wenige Gipfel ragten darüber empor. Der Tegernsee-Gletscher kam mit seinem Rand nur bis in die Gegend von Gmund am Tegernsee. Dort ließ er den mitgeführten Schutt als Endmoräne liegen und baute so einen Wall auf, eine halbkreisförmige Staumauer, die in der Linie Kaltenbrunn – Gasteig – Gasse liegt. Der Tegernsee-Gletscher räumte also das Zungenbecken für den See aus. Die breiten Schmelzwasserströme der abtauenden Gletscher aus der Langenau, der Schwarzentenn, des Valepp- und Alpbachtals füllten das natürlich geschaffene Staubecken mit Wasser, so dass der Tegernsee einst weit ins Rottach- und Weißachtal reichte. Fünfzehn Meter stand damals der Wasserspiegel über dem heutigen. Die Flüsse führten aber auch massenhaft Sand und Kies mit sich, schütteten das Südende des Sees immer mehr zu und ebneten das U-förmige Tal ein. Der Abfluss des Sees, die Mangfall, grub sich immer tiefer in den weichen Untergrund und half wesentlich mit, dem See die heutige verkleinerte Form zu geben.

Auf eiszeitlichem Schutt liegen fast alle Talsiedlungen. Auf den Geröllkegeln, die nach der Eiszeit die Bäche Weißach, Rottach, Alpbach, Söllbach, Zeisel- und Breitenbach buchtenbildend in den See vorschoben, siedelten sich später die Bewohner von Tegernsee, Rottach-Egern und Bad Wiessee an. Die Abtragung der Berge, das Auffüllen und Verkleinern des Sees schreitet fast unmerklich, aber doch stetig voran; in zehn- oder hunderttausend Jahren freilich mag sich das Landschaftsbild des Tals wieder vollkommen verändert haben.

Der Tegernsee ist 6½ km lang, bis zu 2½ km breit und 72 m tief. Seine gesamte Fläche beträgt 9,12 km^2. Er ist rings von Matten und prächtigen Waldbeständen umgeben, welche ein schöner Bergkranz umrahmt. An seinem südlichen Ende bildet er zwei Buchten, den Obersee (Egerner Bucht) und den Ringsee (bei Niederwasser mit kleiner Insel). Das Panorama von der Nordspitze des Sees: Im Osten Gindelalmschneid (1335 m), Baumgartenschneid (1449 m) und Bodenschneid (1668 m); südlich der Wallberg (1722 m), an den sich rechts der Setzberg (1712 m) anlehnt, die von Risserkogel (1826 m) und Blankenstein (1764 m) überragt werden. Im Hintergrund die Blauberge (ca. 1800 m), westlich davon der Leonhardstein (1449 m), dem sich Roßstein (1697 m) und Buchstein (1702 m) anschließen. Das Westufer begrenzen Ringberg (1345 m), Hirschberg (1670 m), Fockenstein (1562 m), Huder (1408 m) und Koglkopf (1324 m). In dieses weite Panorama ziehen zwei Täler ihre Furchen: Genau nach Süden das Weißachtal, das

Blick auf Walchensee mit Halbinsel Zwergern und Karwendel

sich in Richtung Kreuth ins Gebirge hineinzieht, während das Rottachtal in südöstlicher Richtung verläuft. Beide Talfurchen geben mit ihren Straßenzügen Gelegenheit, die Ausgangspunkte zu der südlich abschließenden Gebirgskette der Blauberge rasch zu erreichen. Dabei führt die Weißachroute auch noch weiter hinein nach Tirol zum Achensee und hat außerdem kurz nach der Grenze (Kaiserwacht) in westlicher Richtung den Stausee der Isar (Sylvensteinsee) auch für Autos erreichbar gemacht.
Der im Süden von den Steilabfällen der Kocheler Berge überragte **Kochelsee** war noch vor hundert Jahren weitaus größer als heute. Damals war er noch hufeisenförmig, seitdem ist er mehr und mehr von seinen beiden nördlichen Enden her verlandet. Große Moorgebiete sind an die Stelle der ehemaligen Seeteile getreten. Ihre weiten Schilffelder sorgen heute für Abwechslung im Landschaftsbild. Der Kochelsee bildete sich im Stammbecken des ehemaligen Isargletschers, der von Süden her über den Kesselberg herabfloss. Den 595 Hektar großen See durchfließt die Loisach. Der Wasserspiegel des Kochelsees wird durch das 1924 erbaute Walchensee-Kraftwerk beeinflusst. Dieses erzeugt jährlich rund 320 Mio. kWh. Die Erholungseinrichtungen am Kochelsee beschränken sich lediglich auf die Badeanstalten an dessen Ostufer. Das Verlandungsgebiet im Norden ist besonders aus ornithologischer Sicht von unschätzbarem Wert. Hier nisten bisweilen über 80 verschiedene Vogelarten. Viele Wasservögel benutzen das Gebiet um den Kochelsee als Durchzugs- und Winterrastplatz.
Der dreiecksförmige **Walchensee** ist 1638 Hektar groß. Er wird von dicht bewaldeten Bergen umgeben, die steil zum See abfallen. Vom Westufer her reicht die Halbinsel Zwergern mit der St. Margarethkirche und ihren Viehweiden in den See herein. Das bis zu 192 Meter tiefe Gewässer entstand in einer tektonisch bedingten Senke der alpinen Trias, die vom Isargletscher überformt worden ist. Der See dient seit dem Jahr 1924 zur Einspeisung des 200 Meter tiefer liegenden Walchensee-Kraftwerkes am Ufer des Kochelsees. Sein Ufer ist bis auf geringe Flächen im Ortsbereich von Walchensee frei zugänglich. Gut ausgebaute Wege mit einer Vielzahl von Ruhebänken rund um den See laden zur Erholung ein.
Der künstlich aufgestaute **Sylvensteinsee** wurde 1959 erbaut und dient zur Regulierung der fast jährlich auftretenden Hochwasser im Isartal sowie zur Niedrigwasseraufbesserung der Isar. Zudem wird der Abfluss zur Gewinnung elektrischer Energie genützt. Die Landschaft um den Sylvensteinsee wird von der alpinen Bergwelt geprägt, die unmittelbar bis an das Ufer heranreicht. Die Erholungsmöglichkeiten um den See sind schon aufgrund seiner steilen Uferböschung stark begrenzt. Aufgrund der starken Wasserspiegelschwankungen fehlt dem bis zu 500 Hektar großen und 26 Meter tiefen See eine eigene Ufervegetation.

Weitwanderwege

Die OeAV-Sektion Weitwanderer gilt als Auskunftsstelle für alle europäischen Fernwanderwege sowie für die österreichischen Weitwanderwege: Vorsitzender Fritz Käfer, Thaliastraße 150/3/16, A-1160 Wien, Telefon = Fax (0043) 01/4938408 oder Mobil: 0664/2737242
weitwanderer@sektion.alpenverein.at • www.alpenverein.at/weitwanderer
Durch die alpinen Vereine wurden markierte Wege angelegt, die über große Strecken führen und sowohl mit einer Nummer als auch mit einem Namen bezeichnet sind. Damit sollen Ziele präsentiert werden, die zuvor nur selten besucht wurden, und gleichzeitig auch die Vielfalt der touristischen Möglichkeiten aufgezeigt werden.

Für die Begehung dieser Wege wurde eine eigene Wanderliteratur sog. "Wanderführer" aufgelegt, die dem Begeher den Streckenverlauf, Nächtigungsmöglichkeiten, Entfernungs- und Höhenangaben, Wegzeiten mit Schwierigkeitsgraden sowie Öffnungszeiten von Gasthöfen und Schutzhütten näher bringen. Außerdem wurden Kontrollstellen geschaffen, wo durch einen Stempelabdruck der Besuch dokumentiert wird und danach Wanderabzeichen in verschiedenen Stufen vergeben, wobei die Zeit, in der die betreffenden Wege zurückgelegt werden, keine Rolle spielt.
In Österreich bestehen neben einer Vielzahl von regionalen Wanderwegen **zehn Weitwanderwege**, die mit den Ziffern 01 bis 10 bezeichnet sind. Eine evtl. vorgesetzte Zahl gibt die Gebirgsgruppen (Hunderterstelle) an. In den Zentralalpen ist diese Grundnummer ungerade (z. B. 702), in den Nördlichen und Südlichen Kalkalpen hingegen gerade (z. B. 401), ein nachfolgender Buchstabe (z. B. 401A) macht darauf aufmerksam, dass es sich um eine Wegvariante handelt. Mehrere nationale Weitwanderwege sind in das internationale Europäische Fernwanderwegenetz mit einbezogen.
Auf dem vorliegenden Kartenblatt scheinen folgende Weitwanderwege auf: Der Nordalpenweg 01, der mit dem Europäischen Fernwanderweg E 4 alpin ident ist und der Voralpenweg 04 (Maximiliansweg), der mit dem Europäischen Fernwanderweg E 4 ident ist.
Bitte erkundigen Sie sich vor Beginn Ihrer Wanderung, ob in den angegebenen Hütten bzw. Orten Übernachtungsmöglichkeiten bestehen. Die Begehung dieser Weitwanderwege erfordert Bergerfahrung, Kondition und eine gute Ausrüstung.

Wegverlauf der Weitwanderwege

Der Europäische Fernwanderweg E 4:

Der E 4 beginnt derzeit in Andalusien und verläuft über Frankreich, Schweiz, Deutschland, Österreich, Ungarn und Bulgarien nach Griechenland. In Österreich führt der Weg als alpine Variante über die Nördlichen Kalkalpen, um sich im Burgenland wieder mit der Hauptstrecke zu vereinigen. Da sich die Bewältigung der Route E 4 (alpin) durch die Nördlichen Kalkalpen für bergsteigerisch nicht erfahrene Wanderer bald als zu schwierig erwiesen hat, wurde eine eigene Route des E 4 durch den süddeutschen und österreichischen Voralpenraum auf dem "Voralpenweg 04" geschaffen, der durch den Bregenzer Wald, das Oberallgäu, den Ammergau, den Schwangau, das Tegernsee- und Werdenfelserland, das Schlierseerland, den Chiemgau, den Flachgau, das Salzkammergut, das Höllengebirge, das Enns- und Steyrtal, die Eisenwurzen, das Ötscherland und den Wienerwald zur Ungarischen Pforte verläuft, um hier nach Süden zum Neusiedler See und weiter nach Ungarn abzubiegen.

Der Nordalpenweg 01 (201, 401):

Wie bereits unter dem E 4 angedeutet, führt dieser Weitwanderweg durch alle österreichischen Bundesländer mit Ausnahme Kärntens. Er reicht von Rust am Neusiedler See bzw. Perchtoldsdorf bei Wien über den Schneeberg, die Rax, den Hochschwab, die Gesäuseberge, das Tote Gebirge, das Dachsteingebiet, das Tennengebirge, den Hochkönig, das Steinerne Meer, die Loferer Steinberge, die Chiemgauer Alpen, das Kaisergebirge, das Rofangebirge, das Karwendelgebirge, die Zugspitze, die Lechtaler Alpen, das Lechquellengebirge und den Bregenzer Wald bis Bregenz, weist eine Länge von etwa 1000 km auf und ist Teil des Europäischen Fernwanderweges E 4 (alpin).
Das vorliegende Kartenblatt betritt er als Hauptweg am rechten unteren Kartenrand (im Planquadrat D 8) vom Zireinsee kommend wobei er über die Erfurter Hütte nach Maurach und Pertisau verläuft. Nun weiter in das Falzthurntal und hinauf zur Lamsenjochhütte und über die Binsalm in die sogenannte Eng am Großen Ahornboden. Nach kurzer

Rast im Alpengasthof Eng über das Hohljoch hinauf zur Falkenhütte und über die Ladizalm zum romantischen Kleinen Ahornboden. Unweit von hier das Hermann von Barth-Denkmal für den Erschließer der Nördlichen Kalkalpen. Nun bergan zum Hochalmsattel, wo man bereits in das Karwendeltal hinunter sieht und weiter zum Karwendelhaus. Der Weg führt dann hinunter in das Karwendeltal, durch welches auf dem Güterweg die Larchetalm erreicht und das Blatt am unteren linken Rand (A 8-9) verlassen wird.

Der Voralpenweg 04 (Maximiliansweg E 4):
Wie bereits unter dem E 4 angedeutet, führt dieser Weitwanderweg durch die österreichischen Bundesländer Wien, Niederösterreich, Oberösterreich bzw Salzburg, reicht vom Wiener Raum bis Bad Reichenhall und findet im E 4 (Maximiliansweg E 4) bis Bregenz seine Fortsetzung. Gesamtlänge etwa 1000 km.
Das vorliegende Kartenblatt betritt der Weg vom Neureuthaus kommend am rechten oberen Kartenrand (D 2-3) und wendet sich nach Tegernsee. Von hier wird per Schiff der See nach Bad Wiessee übersetzt, von wo der Weg über die Aueralm auf den Fockenstein und anschließend hinab nach Lenggries verläuft, hinauf auf das Brauneck führt, um dann über den Rotöhr-Sattel zu der nördlich der Benediktenwand gelegenen Tutzinger Hütte zu streben. Von der Hütte geht es über die Glaswandscharte, die Staffel-Alpe und die Kochleralm zum aussichtsreichen Jochberg und schließlich hinab nach Urfeld am Walchensee, wo kurz darauf das Blatt am linken Rand (A 5) in Richtung den Ort Walchensee verlassen wird.
Eine Variante des Weges verläuft von Bad Wiessee aus durch das Söllbachtal in den Stinkengraben, auf den Hirschtalsattel und durch das Hirschbachtal nach Lenggries.

Quellenangabe zu Sperrgebieten:
Im Bemühen um eine partnerschaftliche Verträglichkeit von Interessen der Jagd- und Forstwirtschaft mit Bergsteigern, Bikern und Wanderern hat der Österreichische Alpenverein (www.alpenverein.at) eine Datenbank erstellt, in der sämtliche in Österreich vorhandenen jagdlichen, forstlichen und militärischen Sperrgebiete und Wildschutzgebiete sowie alle bedeutenden Natur-, Landschafts- und Sonderschutzgebiete erfasst sind. Die KOMPASS-Karten GmbH dankt dem Österreichischen Alpenverein für die erteilten Informationen zur vorliegenden KOMPASS-Wanderkarte.

Höhenwege von Hütte zu Hütte

Vom Walchensee zum Tegernsee
1. Tag: Von Urfeld am Nordende des Walchensees folgt man der Straße bis zur Kesselberghöhe (858 m), dort nimmt man den rechts abzweigenden Weg, der in mehreren Kehren hinauf zur Jocheralm (1382 m) führt. Nordostwärts weiter über die Kotalm, Kochleralm und Staffelalm, dann südlich der Glaswand entlang zur Glaswandscharte (1324 m) und zur Tutzinger Hütte (1327 m). Gehzeit: etwa 6 Stunden.
2. Tag: Von der Tutzinger Hütte (1327 m) Aufstieg zur Benediktenwand (1800 m). Weiter folgt man dem Kamm über den Rotöhr-Sattel (1615 m) und Latschenkopf (1712 m) zur Brauneckhütte (1540 m) und über die Reiseralm hinab nach Lenggries (679 m). Gehzeit: ca. 6 Stunden (bei Benützung der Braunecknseilbahn: 4 Stunden).
3. Tag: Von Lenggries über das Markeck auf den Geierstein (1491 m). Auf einem herr-

◉ Hauptort ○ Gemeinde, Ortschaft ▲ Gasthof, Schutzhütte ----- Zugangsweg

lichen Waldweg über den Fockenstein (1562 m) zur Aueralm (1269 m, keine Übernachtung möglich!). Gehzeit: etwa 4 Stunden. Abstieg nach Bad Wiessee am Tegernsee über das Waxelmooseck (1135 m). Gehzeit: etwa 1½ Stunden. Rückfahrmöglichkeit zum Ausgangsort per Bus.

Von Vorderriß zum Achensee

1. Tag: Von Vorderriß zunächst etwa ¾Stunden ziemlich eben in das Rißtal, dann links auf dem Reitsteig hinauf zur Moosenalm und weiter zur Tölzer Hütte (1825 m). Gehzeit: etwa 4 Stunden.

2. Tag: Von der Hütte zum Baumgartensattel (1544 m). Südostwärts unter dem Grasbergjoch (2020 m) vorbei zur Grasbergalm und weiter zur Plumsjochhütte (1630 m). Gehzeit: etwa 7½ Stunden.

3. Tag: Von der Hütte hinab zur Gernalm (1172 m) und durch das Gerntal nach Pertisau (952 m). Durch den Bärenbader Wald nach Maurach. Gehzeit: 3 Stunden (Rückfahrmöglichkeit nach Vorderriß per Bus).

Von Hinterriß durch das Karwendel zur Engalm

1. Tag: Von Hinterriß (928 m) auf dem Forstweg nach Westen durch den Stiftswald zur Fereinalm (1410 m). Gehzeit: etwa 3½ Stunden.

2. Tag: Von der Fereinalm über die Bärnalplscharte zum Karwendelhaus (1771 m). Gehzeit: 4½ Stunden (nur für geübte Bergwanderer).

3. Tag: Vom Karwendelhaus zum Kleinen Ahornboden hinab, dann durch Wald und Latschen zur Ladizalm (1573 m) und auf dem Güterweg hinauf zur Falkenhütte (1846 m). Am Fuß der imposanten Laliderer Wände entlang zum Hohljoch (1795 m) und angenehm hinab zur Engalm (1227 m). Gehzeit: ca. 5 Stunden (Rückfahrmöglichkeit nach Hinterriß per Bus; Gehzeit nach Hinterriß ca. 4 Stunden).

***Alpines Notsignal**: Sechsmal innerhalb einer Minute in regelmäßigen Zeitabständen ein sichtbares oder hörbares Zeichen geben und hierauf eine Pause von einer Minute eintreten lassen. Das gleiche wird wiederholt, bis Antwort erfolgt.*

***Antwort:** Innerhalb einer Minute wird dreimal in regelmäßigen Zeitabständen ein sichtbares oder hörbares Zeichen gegeben.*

Auf der Ladizalm

Alpengasthöfe und Unterkunftshütten

Alle Angaben ohne Gewähr! Bitte erfragen Sie vor Beginn der Wanderung im Talort die Bewirtschaftungszeit und erkundigen Sie sich, ob eine Übernachtungsmöglichkeit besteht.
Die Telefonnummern der wichtigsten Alpengasthöfe und Unterkunftshütten finden Sie auf den Seiten 45 – 46.

Bayerische Voralpen

Aueralm, 1269 m (D 3), privat, Postleitzahl: D-83707 Bad Wiessee, ganzjährig bewirtschaftet. Zugang: von Bad Wiessee, 3 Std. Gipfel: Geierstein, 1491 m, 2 Std. (leicht).

Bauer in der Au, 904 m (D 2), ehemaliger Kloster-Gutshof, 904 m, privat, Postleitzahl: D-83707 Bad Wiessee, ganzjährig bewirtschaftet, Montag Ruhetag. Zugänge: von Rottach-Egern bzw. Bad Wiessee, ca. 2 Std. (leicht).

Bayernhütte, 1362 m (B 4), privat, Postleitzahl: D-83661 Lenggries, ganzjährig bewirtschaftet (November und April geschlossen). Zugänge: von der Bergstation der Brauneckbahn, 1 Std.; von Wegscheid bei Lenggries, 3 Std.

Blomberghaus, 1203 m (B 2), privat, Postleitzahl: D-83646 Bad Tölz, ganzjährig bewirtschaftet. Zugang: von der Bergstation des Blombergliftes, wenige Min.; von der Blockhütte auf dem Rodelweg, 1½ Std.; von Arzbach, 2 Std. Gipfel: Zwieselberg, 1348 m, ½ Std. (leicht).

Brauneckhütte, 1540 m (B 4), Alpenverein, Postleitzahl: D-83661 Lenggries, im Sommer und Winter bewirtschaftet. Zugänge: von der Bergstation der Brauneckbahn, 10 Min.; von Lenggries, 3 Std. Übergang: zur Tutzinger Hütte, 2½ Std. Gipfel: Benediktenwand, 1800 m, 2½ Std. (mittel).

Buchsteinhütte, 1260 m (D 4), privat, Postleitzahl: D-83708 Kreuth, ganzjährig bewirtschaftet (Mitte bis Ende November geschlossen). Zugänge: von Kreuth, 2½ Std.; von der Schwarzentennalm, 1 Std. Übergänge: zur Lenggrieser Hütte, 1¾ Std.; zur Tegernseer Hütte, 1¼ Std.

Denkalm, 970 m (C 3), privat, Postleitzahl: D-83661 Lenggries, ganzjährig bewirtschaftet. Zugang: von Lenggries 1 Std.

Florianshütte, 1295 m (B 4), privat, Postleitzahl: D-83661 Lenggries, ganzjährig bewirtschaftet (November geschlossen). Zugänge: von der Bergstation Brauneckbahn, ¾ Std.; von Wegscheid bei Lenggries, 3 Std.

Gründhütte, 1200 m (D 4), (NAT.), Postleitzahl: D-83708 Kreuth, nicht bewirtschaftet. Zugang: von Kreuth, 1½ Std. Übergang: zum Hirschberghaus, 1¼ Std.

Hirschberghaus, 1544 m (D 4), privat, Postleitzahl: D-83708 Kreuth, ganzjährig bewirtschaftet (zu Weihnachten und im April drei Wochen geschlossen). Zugang: von Kreuth/Scharling, 2 Std. Gipfel: Rauheck, 1509 m, ½ Std. (leicht).

Jocheralm, 1382 m (A 5), privat, Postleitzahl: D-82432 Urfeld, im Sommer zeitweise bewirtschaftet. Zugänge: von Urfeld, 2 Std.; von Sachenbach, 2 Std.; von Kochel am See, 3 Std. Gipfel: Jochberg, 1565 m, ½ Std. (leicht).

Kirchsteinhütte, 1005 m (B 3), privat, Postleitzahl: D-83646 Wackersberg, ganzjährig bewirtschaftet. Zugang: von Arzbach, 1¼ Std. Übergänge: zur Brauneckhütte, 2 Std.; zur Tutzinger Hütte, 2½ Std. Gipfel: Benediktenwand, 1800 m, 3½ Std. (mittel).

Königsalm, 1115 m (D 5), privat, Postleitzahl: D-83708 Kreuth, zeitweise bewirtschaftet. Zugang: von Wildbad Kreuth, 2 Std. Übergang: zur Siebenhüttenalm, 1 Std.

Lenggrieser Hütte, 1338 m (C 4), Alpenverein, Postleitzahl: D-83661 Lenggries, ganzjährig bewirtschaftet (Frühjahr und Spätherbst je drei Wochen geschlossen). Zugänge: von Lenggries, 2 Std. (mittel), von Tegernsee, 3 Std. Übergänge: zur Tegernseer Hütte, 2 Std.; zur Buchsteinhütte, 2 Std. Gipfel: Seekarkreuz, 1601 m, 1 Std. (leicht).

Neulandhütte, 1235 m (B 3), Alpenverein, Postleitzahl: D-82377 Penzberg, Selbstversorgerhütte, an Wochenenden und feiertags meist beaufsichtigt. Zugang: von Arzbach, 1½ Std. Übergänge: zur Tutzinger Hütte, 2 Std.; zur Brauneckhütte, 2½ Std.

Neureuthaus, 1264 m (D 2), privat, Postleitzahl: D-83684 Tegernsee, ganzjährig bewirtschaftet. Zugang: von Tegernsee, 1¾ Std. Übergänge: zur Gindelalm, 1242 m, ½ Std.

Orterer Alm, 1106 m (A 4), privat, Postleitzahl: D-82431 Kochel am See, zeitweise bewirtschaftet. Zugänge: von Pessenbach (an der B 11 nördlich von Kochel am See), 2½ Std.; von Jachenau, 2½ Std.; von Kochel am See, 3 Std. Übergang: zur Tutzinger Hütte, 1¾ Std. Gipfel: Rabenkopf, 1559 m, 1 Std. (mittel); Benediktenwand, 1800 m, 2 Std. (mittel).

Quengeralm, 1420 m (B 4), privat, Postleitzahl: D-83661 Lenggries, ganzjährig bewirtschaftet. Zugänge: von der Bergstation der Brauneckbahn, ¾ Std.; von Wegscheid bei Lenggries, 3¼ Std.

Siebenhüttenalm, 837 m (D 5), privat, Postleitzahl: D-83708 Kreuth, im Sommer bewirtschaftet. Zugang: von Wildbad Kreuth, ½ Std. Übergang: zur Königsalm, 1¼ Std.

Söllbachklause, 850 m (D 3), privat, Postleitzahl: D-83707 Bad Wiessee, ganzjährig bewirtschaftet. Zugang: von Bad Wiessee, ½ Std.

Sonnenbichl, 830 m (D 3), privat, Postleitzahl: D-83707 Bad Wiessee, ganzjährig bewirtschaftet. Zugang: von Bad Wiessee, ¼ Std.

Stieralm (Idealhanghütte), 1550 m (B 4), privat, Postleitzahl: D-83661 Lenggries, ganzjährig bewirtschaftet (November und Mai geschlossen). Zugänge: von der Bergstation der Brauneckbahn, 1 Std.; von Wegscheid bei Lenggries, 3½ Std. Übergang: zur Tutzinger Hütte, 2 Std. Gipfel: Benediktenwand, 1800 m, 2 Std. (mittel).

Tegernseer Hütte, 1638 m (D 4), Alpenverein, Postleitzahl: D-83708 Kreuth, im Sommer bewirtschaftet. Zugang: von Kreuth, 3½ Std. Übergang: zur Lenggrieser Hütte, 2 Std. Gipfel: Buchstein, 1702 m, ½ Std. (nur für Geübte).

Tölzer Skihütte, 1500 m (B 4), privat, Postleitzahl: D-83661 Lenggries, ganzjährig bewirtschaftet. Zugänge: von der Bergstation Brauneckbahn, ¾ Std.; von Wegscheid bei Lenggries, 3½ Std.

Tutzinger Hütte, 1327 m (B 4), Alpenverein, Postleitzahl: D-83671 Benediktbeuern, von 26.12. bis 6.1. und ab März jedes Wochenende bis Palmsonntag, ab Palmsonntag bis Mitte November immer bewirtschaftet. Zugänge: von Benediktbeuern, 2½ Std.; von Ried (südlich von Benediktbeuren), 2½ Std.; von der Bergstation der Brauneckbahn, 2½ Std.; von Kochel am See, 4½ Std.; von Jachenau, 4 Std. Übergänge: zur Brauneckhütte, 3 Std.; zur Stieralm, 2½ Std.; zur Orterer Alm, 1¼ Std. Gipfel: Benediktenwand, 1800 m, 1½ Std. (mittel).

Karwendelgebirge

Alpenhof, 945 m (B 8), privat, Postleitzahl: A-6200 Hinterriß, ganzjährig bewirtschaftet. Zugang: von Hinterriß 20 Min., Kfz zum Haus. Übergänge: zum Eng-Alpengasthof, 2¾ Std.; nach Pertisau über das Plumsjoch, 4½ Std. (leicht). Gipfel: Schafreiter, 2102 m, 4½ Std. (leicht).

Aquila, 919 m (C 6), Alpengasthof, privat, Postleitzahl: A-6212 Eben am Achensee. Zugänge: von Achenwald, 1½ Std.; von Fall, 2 Std. Skigebiet.

Binsalm, 1502 m (C 9), privat, Postleitzahl: A-6200 Hinterriß, zeitweise bewirtschaftet. Zugänge: vom Eng-Alpengasthof, 1 Std.; von der Gramaialm über den Gramaialm-Hochleger, ¾ Std. Übergang: zur Lamsenjochhütte, 1½ Std.

Birkkar-Notbiwak, 2639 m (B 9), Alpenverein, offene Unterstandshütte. Zugang: vom Karwendelhaus, 2½ Std. (nur für Geübte); vom Hallerangerhaus über Kasten, 5 Std. (nur für Geübte). Gipfel: Ödkar- und Birkkarspitzen (nur für Geübte).

Engalm, 1227 m (C 9), privat, Postleitzahl: A-6200 Hinterriß, im Sommer bewirtschaftet, weitere Angaben siehe Eng-Alpengasthof.

Eng-Alpengasthof, 1203 m (C 9), privat, Postleitzahl: A-6200 Hinterriß, im Sommer bewirtschaftet. Zugänge: von Hinterriß 15 km Kfz. zum Haus; von Pertisau, 5½ Std. Übergänge: zur Lamsenjochhütte, 2½ Std.; zur Falkenhütte, 2½ Std.; zur Plumsjochhütte, 2½ Std.; zur Gramaialm, 2½ Std. (alle Übergänge leicht).

Falkenhütte (Adolf-Sotier-Haus), 1846 m (B 9), Alpenverein, Postleitzahl: A-6200 Hinterriß, im Sommer bewirtschaftet. Zugänge: von Hinterriß, 4 Std.; vom Eng-Alpengasthof, 2½ Std. Übergänge: zum Karwendelhaus, 2½ Std.; zur Lamsenjochhütte, 3¼ Std. Gipfel: Mahnkopf, 2093 m, 1 Std.; Steinfalk, 2348 m, ca 2½ Std. (nur füe Geübte).

Falzthurnalm, 1089 m (C 8), privat, Postleitzahl: A-6213 Pertisau, im Sommer bewirtschaftet. Zugang: von Pertisau, 1¼ Std. Übergänge: zur Lamsenjochhütte, 2¾ Std.; zum Eng-Alpengasthof, 2½ Std.; zur Gramaialm, 1 Std.

Feilkopfalm, 1380 m (C 8), privat, Postleitzahl: A-6213 Pertisau, im Sommer bewirtschaftet. Zugang: von Pertisau, 1½ Std. Gipfel: Feilkopf, 1562 m, ½ Std.

Fereinalm, 1410 m (A 8), privat, Postleitzahl: D-82481 Mittenwald, zeitweise bewirtschaftet. Zugänge: von Mittenwald über die Aschauer Alm, 3 Std.; von Hinterriß (Grenzüberschreitung), 3½ Std. Übergänge: zur Hochlandhütte, 3 Std. (mittel); zum Soiernhaus über die Jägersruh, 2½ – 3 Std.; zum Karwendelhaus auf dem Gjaidsteig über die Bärnalplscharte, 4½ Std. (nur für Geübte). Gipfel: Soiernspitze, 2257 m, 2 Std. (leicht).

Fischbachalm, 1402 m (A 7), privat, Postleitzahl: D-82494 Krün, im Sommer bewirtschaftet. Zugang: von Krün, 2½ Std. Übergang: zum Soiernhaus auf dem Lakaiensteig oder auf dem Sträßchen, 1½ Std. Gipfel: Hoher Grasberg, 1782 m, 1 Std. (mittel).

Gaisalm, 930 m (D 7), privat, Postleitzahl: A-6215 Achenkirch, im Sommer bewirtschaftet. Zugang: von Pertisau, 1¼ Std. oder mit Schiff.

Gernalm, 1172 m (C 8), privat, Postleitzahl: A-6213 Pertisau, zeitweise bewirtschaftet (So./Feiertage). Zugang: von Pertisau, 1½ Std. Übergänge: zur Plumsjochhütte, 1½ Std.; zum Eng-Alpengasthof, 3½ Std. Gipfel: Mondscheinspitze, 2106 m, 3 Std. (nur für Geübte).

Gramaialm, 1261 m (C 9), privat, Postleitzahl: A-6213 Pertisau, zeitweise bewirtschaftet. Zugang: von Pertisau, 2¼ Std. Übergänge: zur Lamsenjochhütte, 1½ Std.; zum Eng-Alpengasthof, 2½ Std.; zum Gramaialm-Hochleger, 1¾ Std.

Gramaialm-Hochleger, 1733 m (C 9), privat, Postleitzahl: A-6213 Pertisau, im Sommer bewirtschaftet. Zugänge: von Pertisau, 4 Std.; vom Eng-Alpengasthof, 1¾ Std. Übergänge: zur Gramaialm, 1¼ Std.; zur Binsalm, ½ Std. Gipfel: Sonnjoch, 2457 m, 2 Std. (mittel); Hahnkampl, 2082 m, 1 Std. (leicht).

Hinterriß, 928 m (B 7), Gasthof zur Post, Postleitzahl: A-6200 Hinterriß, ganzjährig bewirtschaftet. Zugang: von Vorderriß, 11 km oder mit dem Kfz (Maut) zum Haus. Übergang: zum Eng-Alpengasthof (Großer Ahornboden) 16 km, 3 Std. oder mit dem Kfz (Maut) zum Haus. Gipfel: Schönalmjoch, 1986 m, 3 Std. (leicht); Fleischbank, 2026 m, 3 Std. (leicht).

Kaiserhütte, 892 m (B 7), privat, Postleitzahl: A-6200 Hinterriß, ganzjährig bewirtschaftet. Zugang: von Vorderriß, 1½ Std. Übergänge: nach Hinterriß, ¾ Std.; zur Tölzer Hütte, 3½ Std. Gipfel: Schafreiter, 2102 m, 4 Std. (leicht).

Karl-Schuster-Biwak, 2495 m (B 9), Zw. Innsbruck O.A.V., Gruppe „Gipfelstürmer", in der Scharte zwischen Laliderespitze und Lalidererwandgipfel. Zugänge: von der Falkenhütte in schwieriger Kletterei, von Süden (Roßloch) sehr mühsam.

Karwendelhaus, 1771 m (A 8), Alpenverein, Postleitzahl: A-6108 Scharnitz, im Sommer bewirtschaftet. Zugänge: von Scharnitz, 5 Std.; von Hinterriß, 4 Std. Übergänge: zum Hallerangerhaus, 5½ Std. (nur für Geübte); zur Falkenhütte, 2½ – 3 Std. (leicht); zum Eng-Alpengasthof, 5 Std. (leicht). Gipfel: Östliche Ödkarspitze, 2739 m, 3 Std.; Birkkarspitze, 2749 m, 3 Std. (alle nur für Geübte).

Krinner-Kofler-Hütte, 1407 m (A 8), Alpenverein, Postleitzahl: D-82481 Mittenwald, unbewirtschaftet, im Sommer meist an Wochenenden beaufsichtigt. Alles weitere siehe Fereinalm.

Lamsenjochhütte, 1953 m (C 9), Alpenverein, Postleitzahl: A-6134 Vomp, im Sommer bewirtschaftet. Zugänge: von der Bärenrast durch das Stallental, 2½ ; von der Gramaialm, 1½ Std.; vom Eng-Alpengasthof, 2½. Übergänge: zur Falkenhütte, 4 Std.; zum Karwendelhaus, 6¾ Std.; nach Hinterriß, 5½ Std. Gipfel: Lamsenspitze, 2508 m, 2 Std. (nur für Geübte).

Larchetalm, 1173 m (A 8), privat, Postleitzahl: A-6108 Scharnitz, zeitweise bewirtschaftet. Zugang: von Scharnitz, 2 Std. Übergang: zum Karwendelhaus, 2½ Std.

Pleisenhütte, 1757 m (A 9), privat, Postleitzahl: A-6108 Scharnitz, ganzjährig bewirtschaftet am Samstag/Sonntag. Zugang: von Scharnitz, 3¼ Std. Gipfel: Pleisenspitze, 2569 m, 2 Std. (nur für Geübte).

Pletzachalm, 1040 m (CD 8), privat, Postleitzahl: A-6213 Pertisau, im Sommer bewirtschaftet. Zugang: von Pertisau, 1 Std. Übergänge: zur Gernalm, 1 Std.; zur Plumsjochhütte, 2¼ Std. (leicht).

Plumsjochhütte, 1630 m (C 8), privat, Postleitzahl: A-6213 Pertisau, im Sommer bewirtschaftet. Zugang: von der Gernalm, 3 Std. Übergänge: zum Eng-Alpengasthof, 2 Std.; nach Hinterriß, 4½ Std. Gipfel: Plumsjoch, 1921 m, 1 Std. (leicht); Mondscheinspitze, 2106 m, 1½ Std. (mittel).

Seewaldhütte, 1640 m (D 6), Alpenverein, Postleitzahl: A-6215 Achenkirch, im Sommer zeitweise bewirtschaftet. Zugang: von Achenkirch, 2 Std. Gipfel: Hochplatte, 1815 m, ½ Std.

Soiernhaus, 1616 m (A 7), Alpenverein, Postleitzahl: D-82494 Krün, im Sommer bewirtschaftet. Zugänge: von Krün über die Fischbachalm, 3¼ Std.; von Mittenwald über die Fereinalm, 5½ – 6 Std. Übergänge: zur Fischbachalm auf dem Lakaiensteig oder auf dem Sträßchen, 1 Std.; zur Fereinalm und Krinner-Kofler-Hütte, ca. 2½ Std.; zur Hochlandhütte, 6 Std. Gipfel: Schöttelkarspitze, 2050 m, 1½ Std. (leicht); Soiernspitze, 2257 m, über die Soiernscharte, die zwischen der Soiernspitze und der Reißende-Lahn-Spitze liegt, 2½ Std. (nur für Geübte).

Stallenhütte, 1346 m (C 9), privat, Postleitzahl: A-6134 Vomp, im Sommer bewirtschaftet. Zugänge: von Schwaz, Stans oder Vomp, 3 Std. Übergang: zur Lamsenjochhütte, 1½ Std.

Tölzer Hütte, 1825 m (B 7), Alpenverein, Postleitzahl: A-6200 Hinterriß, im Sommer bewirtschaftet. Zugänge: von Hinterriß, 2¾ Std.; von Fall, 5½ Std. Übergang: nach Scholastika am Achensee durch das Baumgartental, ca. 7 Std. Gipfel: Schafreiter 2102 m, 1 Std. (leicht).

Rofan

Adlerhorst, Jausenstation, 1226 m (D 6), privat, Postleitzahl: A-6215 Achenkirch, ganzjährig bewirtschaftet. Zugang: von Achenkirch, 1¼ Std. Sessellift. Gipfel: Hochunnutz, 2075 m, 2 Std. (leicht).

Dalfazalm, 1693 m (D 8), privat, Postleitzahl: A-6212 Maurach, im Sommer bewirtschaftet. Zugang: von Buchau, 2 Std. Übergang: zur Erfurter Hütte, 1 Std. Gipfel: Hochiß, 2299 m, 2 Std.

Erfurter Hütte, 1834 m (D 8), Alpenverein, Post: A-6212 Maurach, im Sommer und Winter bewirtschaftet. Bei Betriebseinstellung der Seilbahn bleibt die Hütte unbewirtschaftet. Zugänge: mit der Rofanseilbahn bis zur Hütte; von Maurach über den Mauritz-Niederleger (Weg Nummer 401), 2¼ Std.; von Buchau über die Dalfazalm, 3 Std. Übergänge: zur Dalfazalm, 1 Std.; zur Bayreuther Hütte über die Schermsteinalm, 3½ Std. Gipfel: Gschöllkopf, 2039 m, 1 Std. (leicht); Hochiss, 2299 m, 1½ Std. (mittel).

Hagenwirt, 818 m (C 5), privat, Postleitzahl: A-6215 Achenkirch, ganzjährig bewirtschaftet. Zugang: an der B 181, ¼ Std. von Achenwald.

Köglalm, 1431 m (D 7), privat, Postleitzahl: A-6215 Achenkirch, zeitweise bewirtschaftet. Zugang: von Scholastika, 1½ Std. Übergang: nach Steinberg, 2¼ Std. Gipfel: Hochunnutz, 2075 m, 2 Std.

Rofan-Alpengasthof, 1834 m (D 8), privat, Postleitzahl: A-6212 Maurach, bewirtschaftet von Januar bis Oktober (je nach Betrieb der Rofanseilbahn). Zugänge: von Maurach, 2½ Std. oder mit der Rofanseilbahn.

Untere Bergalm, 997 m (D 6), privat, Postleitzahl: A-6215 Steinberg am Rofan, ganzjährig bewirtschaftet. Zugänge: von Steinberg, 1 Std.; von Achental, 1½ Std. Übergang: zur Gufferthütte über die Ißalm, 3 Std.

Mit Bus und Bahn ins Karwendel

Am Samstag, Sonntag und Feiertag verkehrt dieser Bergsteigerbus, mit nahtlosem Anschluss an den BOB-Zug München – Tegernsee. Die Fahrt Tegernsee – Gramaialm über Kreuth, Achenkirch, Maurach und Pertisau dauert ca. 1½ Stunden. Der Bus verkehrt nur in den Sommermonaten. Bitte erkundigen Sie sich rechtzeitig nach dem Fahrplan!

Politische Übersichtsskizze 1:500000

Staatsgrenze

Landkreis- bzw. Bezirksgrenze

Gemeindegrenze

Grenzen der Mitgliedsgemeinden einer Verwaltungsgemeinschaft

◉ Landkreissitz

● Gemeindehauptort

■ Gemeindehauptort u. Sitz einer Verwaltungsgemeinschaft

Ldkrs. Weilh. - Sch. = Landkreis Weilheim - Schongau

Ldkrs. G. - P. = Landkreis Garmisch - Partenkirchen

Ortsbeschreibungen:

Die Telefon- und Faxnummern der Tourismusvereine finden Sie auf Seite 46.

ACHENKIRCH D 6

Gemeinde, Bezirk Schwaz, Einwohner: 1900, Höhe: 923 m, Postleitzahl: A-6215. **Auskunft:** Tourismusverband Achenkirch. **Bahnstation:** Im Sommer Maurach (Zahnradbahn Jenbach – Achensee), ansonsten in Jenbach (23 km). **Busverbindung** nach Jenbach und mit den umliegenden Ortschaften. **Bergbahnen:** Sessel- und Schlepplifte.

Achenkirch liegt im Achental, das sich vom Achensee zum Achenpass hinzieht. Um 1100 ließen die Mönche des Klosters St. Georgenberg, die das Gebiet von den Herren von Schlitters erhalten hatten, zahlreiche Schwaighöfe anlegen, so dass das Tal schon im 13. Jh. verhältnismäßig dicht besiedelt war. Um die Mitte des 19. Jh. machte der große Tiroler Geologe, Naturforscher und Dichter Adolf Pichler durch zahlreiche Schriften auf die Schönheit des Achentales aufmerksam. Seither sind der Tourismus neben der Landwirtschaft und der Holzarbeit (Holzindustrie Achental) die Haupteinnahmequellen der Bevölkerung.

Sehenswert im Ort und in der Umgebung

Die **Pfarrkirche zum hl. Johannes dem Täufer,** dem Patron der Bewohner unwirtlicher Gegenden, stammt in ihrer jetzigen Form aus dem Jahre 1748. Als wertvollen Schatz besitzt die Kirche ein Hochaltarblatt der Hl. Dreifaltigkeit, das dem berühmten Barockmaler Paul Troger zugeschrieben wird. – Auf dem **Dollenhügel** ist die **St.-Anna-Kapelle**, die Tonfiguren der 12 Apostel aus dem 17. Jh. birgt, interessant. – Das **Heimatmuseum Achental** im **Sixen-Hof**; Arbeitsgeräte und Wohnkultur aus dem bäuerlichen Leben. – **ARS-Alpin-Kunstmeile** direkt am Nordufer des Sees. 50 Kunstwerke (Gemälde und Plastiken) neben der Straße können bestaunt werden. Beginn der Kunstmeile ist beim Heimatmuseum. – Österreichs größtes privates **Lipizzaner Gestüt** befindet sich im Posthotel Achenkirch.

Spazierwege und Bergtouren

Nach Achental, ½ Std und weiter nach Achenwald, insgesamt 1½ Std. – Nach Scholastika am Achensee, ¾ Std. – Auf den Hochunnutz, 2075 m, 3½ Std. (leicht) oder mit dem Sessellift bis Jausenstation Adlerhorst, von dort 2 Std. (leicht). – Auf die Hochplatte, 1815 m, über die Jochalm, 3 Std. (leicht). – Auf den Juifen, 1987 m, über die Hochplatte, ca. 5 Std. (leicht). – Zur Gufferthütte, 1475 m, 3½ Std.

BAD HEILBRUNN B 2

Gemeinde, Landkreis Bad Tölz-Wolfratshausen, Einwohner: 3200, Höhe: 682 m, Postleitzahl: D-83670. **Auskunft:** Gästeinformation Bad Heilbrunn. **Bahnstation:** Bichl (4 km). **Busverbindung** nach Bad Tölz, Kochel am See und Wolfratshausen.

Bad Heilbrunn kann auf eine 800-jährige Geschichte zurückblicken. Im Jahre 1636 wurde vom Münchner Arzt D. Malachias Geiger eine „Fontigraphie" (ärztliche Heilquellenbeschreibung) verfasst. 1751 berichtet der Benediktinerpater Karl Meichelbeck über das Bad. In größeren Abständen wurden die Eigenschaften des Quellwassers von namhaften Ärzten untersucht und dabei festgestellt, dass sich die Zusammensetzung des Wassers in den Jahrhunderten nicht geändert hat. Im 16. und 17. Jh. war Heilbrunn „Bayerisches Hofbad". Hierher kam der Bayernherzog Wilhelm IV. mit seiner Gemahlin und ab 1659 Adelheid von Savoyen, die Gattin des Kurfürsten Ferdinand Maria. Als Dank und Anerkennung gab das Haus Wittelsbach durch König Ludwig I. dem Heilbrunnen den Namen „Adelheidsquelle". Das Bad selbst liegt etwas abseits der Bundesstraßen Nr. 11

und Nr. 472, nahe deren Kreuzungspunkt, was günstige Straßenverbindungen garantiert. Der malerische Ort schaut von den letzten Ausläufern der Voralpen und den umliegenden Höhen ins Loisachtal. Behäbige Bauernhöfe mit ihren breiten Giebelfronten lassen erarbeiteten Wohlstand und Geborgenheit erkennen. Schmuckstück des kleinen Heilbades ist die Park-Villa, ein von Gabriel von Seidl um 1900 erbautes Anwesen in herrlicher Lage. 1995 wurden dort nach der Generalsanierung das Gesundheitszentrum, Seminar- und Tagungsräume sowie ein Restaurant-Cafe eröffnet.

Sehenswert im Ort

Pfarrkirche St. Kilian, erbaut 1726, mit reichem Stuck. – **Ausstellung "Henriette Adelheid und das Hofbad Heilbrunn in der Park-Villa"**.

Park-Villa in Bad Heilbrunn

Spazierwege und Bergtouren

Nach Obersteinbach/Bichl über den Höhenweg, 1½ Std. – Zum Wirtshaus Reindlschmiede über Schönau, ½ Std. – Zum Stallauer Weiher, 1 Std., über Wörnern. – Nach Bad Tölz, 2 Std., über Buchberg und Straß. – Auf den Zwieselberg, 1348 m, 2 Std. (leicht) über das Stallauer Eck. – Eine besondere Attraktion ist der neue Bodensee – Königssee-Radweg.

BAD TÖLZ C 2

Kreisstadt, Landkreis Bad Tölz-Wolfratshausen, Einwohner: 17 000, Höhe: 657 m, Postleitzahl: D-83646. **Auskunft:** Tourist-Information Bad Tölz. **Bahnstation:** Bad Tölz. **Busverbindung:** Stadtverkehr und nach Dietramszell, Lenggries, Miesbach und München. **Bergbahn:** Blombergbahn (Doppelsessellift) 3 km vom Zentrum entfernt und Schlepplift.

Der Ort war einst Sitz der Herren von Tolnze, die den goldenen Halblöwen als Zeichen führten, der heute noch das Stadtwappen bildet. 1180 wird Hainricus von Tolnze erstmals urkundlich erwähnt. Der Handel hat Tölz einst groß gemacht, und das vor allem durch die Flößerei und Salzstraße. Diese Straße führte von Reichenhall nach Augsburg. Als Tölz Ende des 13. Jh. an die bayerischen Herzöge überging, war es längst ein gefestigtes, großes Gemeinwesen. Kaiser Ludwig der Bayer gab ihm die Marktprivilegien. Damals war die große Hauptstraße noch von Holzhäusern eingefaßt. Im Mai 1453 brach im untersten Haus der steil ansteigenden Straße ein Brand aus, der innerhalb weniger Stunden die beiden Häuserreihen völlig vernichtete. Dieser Brandkatastrophe fielen auch die Kirche „Zu Unserer Lieben Frau" und die Burg zum Opfer. Eine Generation später war der Ort wieder aufgebaut, diesmal aus Stein. Auch der Dreißigjährige Krieg ging nicht spurlos vorüber. Darauf folgte die Pest. In ihrer Not machten die Bürger einen Bittgang nach Gaißach (südlich von Tölz). Da die Gaißacher aber das Einschleppen der Pest befürchteten, jagten sie die Wallfahrer davon. Diese Szene ist in einem Fresko im Chor der Mühlfeldkirche verewigt. Von Tölz ging auch der Aufstand der Oberländer aus, der zur Mordweihnacht in Sendling vor den Toren Münchens führte (1705). Als dann im Juli 1770 infolge zweier Wolkenbrüche der Ellbach zu einem reißenden Strom anschwoll, die Mauern des Schlosses unterspülte und schließlich den Osttrakt zum Einsturz brachte (sechs weitere Häuser wurden fortgeschwemmt), war für Tölz eine Epoche zu Ende.
Aber 1845 wurden am Sauersberg starke Jodquellen entdeckt und zum erstenmal zu Heilzwecken verwendet. Dies brachte die ersten Kurgäste nach Tölz, genauer gesagt nach Krankenheil, wie die „Badeanstalt" zunächst hieß. Unter den Kurgästen der ersten Jahre war auch Karl Herder aus dem bekannten Freiburger Verlagshaus, den der Erfolg der Kur so beeindruckte, dass er aus „Krankenheil" einen Kurort zu machen beschloss.

Marktstraße in Bad Tölz

Er erwarb nicht nur die Quellen, sondern auch Grund und Boden und gründete 1860 die „Jod-Schwefelquellen-Gesellschaft". Das Bad nahm einen ungeahnten Aufschwung und mit ihm auch der Markt. 1899 erhielt er die Bezeichnung „Bad Tölz" und wurde 1906 zur Stadt erhoben.

Sehenswert in der Stadt

Stadtpfarrkirche Mariä Himmelfahrt, erbaut 1466, bayerische Spätgotik. Dreischiffige Hallenkirche. Glasgemälde von 1500. Im Chorgewölbe eine Madonna des Weilheimer Bildhauers Bartholomäus Steinle (1611). Daneben frühbarocke Holzgruppe „Anna Selbdritt". Hinter dem Hochaltar Grabmal von Kaspar Winzerer, Landsknechtführer und Held von Pavia. – **Franziskanerkirche**, Wandpfeilerkirche, 16. Jh. Das Hochaltarbild stammt vom Münchener Hofmaler F. J. Winkler (1737). Neben der linken Sakristeitüre Relief „Tod Mariens" aus dem 16. Jh. – Barocke **Kalvarienbergkirche Mariä Himmelfahrt**. 1726 erbaut. – **Leonhardikapelle** (1718). Tölzer Zimmerleute hatten in der Sendlinger Bauernschlacht 1705 ihre Errichtung gelobt. Die Kapelle ist mit einer schweren Eisenkette umgeben. Die Verehrung des hl. Leonhard (Patron des Viehs) brachte viele Wallfahrer zur Kapelle. Daraus entstand die alljährlich am 6. November stattfindende Leonhardi-Fahrt, die größte Pferdeprozession des Oberlandes. – **Kreuzweg** zu den sieben Kapellen und die **Heilige Stiege** (1726–1732). Letztere hat 28 Stufen; sie gleicht der Treppe, auf der Christus zu Pontius Pilatus emporsteigen musste. – **Mühlfeldkirche,** mit Fresko von Matthäus Günther im Chor. Das Langhaus wurde 1912 renoviert. – **Evang. Kirche**, 1880 erbaut, 1970 renoviert. Bemerkenswerte Deckenbemalung. Das Altarbild „Kreuzigung" stammt von Lovis Corinth. Stifter des Bildes, ein Münchner Kaufmann. – **Heimatmuseum,** Marktstraße. – **Lüftlmalerei,** altbayerische Fassaden- und Hausmalerei, viele Häuser im Zentrum, z. B. in der Marktstraße, tragen diese Malereien der Barock- und Rokokozeit.

Spazierwege und Bergtouren

130 km gepflegte Wanderwege!

Durch die Altstadt, ½ Std., Isarbrücke – Kapellengasteig hinab zum Jungmayrplatz mit Brunnen – Stadtpfarrkirche – Marktstraße – Isarbrücke. – Nach Gaißach-Mühle, 2 Std. Über die Isarbrücke zur Sonnleitenstraße. Neue Siedlung – Enzianstraße und angenehmer Fußweg (Panoramablicke auf das Karwendel). – Zum Klammerweiher, 1¼ Std. Von der Isarbrücke die Marktstraße hinauf zum Winzerer-Denkmal, dort links in die Hindenburgstraße, am überdachten Tölzer Kunsteisstadion vorbei und über die Arndt-Straße zum versteckten Fisch- und Vogelparadies Klammerweiher. – Zum Strasserhof, 1 Std., die Buchnerstraße entlang, am Gasthaus Einbachmühle vorbei, dann links ansteigend zum Strasserhof (bewirtschaftet, schöne Aussicht). – Auf den Zwieselberg, 1348 m, 2 Std. (leicht), von der Blombergbahn-Talstation (mit dem Bus von Bad Tölz zu erreichen) auf dem Rodelweg empor zum Blomberghaus, 1203 m, 1½ Std. (man kann auch die Sesselbahn benutzen). Vom Haus auf dem Höhenweg zum Zwieselberg. Vom Gipfelkreuz herrlicher Rundblick auf Wetterstein, Karwendel und die nahe Benediktenwand. Abstieg evtl. über das Stallauer Eck nach Bad Heilbrunn, 1½ Std., von dort mit dem Bus zurück nach Bad Tölz.

BAD WIESSEE — D 3

Gemeinde, Landkreis Miesbach, Einwohner: 4600, Höhe: 740 m, Postleitzahl: D-83707. **Auskunft:** Kuramt Bad Wiessee. **Bahnstation:** Gmund am Tegernsee (5 km). **Schiffsstation. Busverbindung** nach Bad Tölz, München und Tegernsee.

Der moderne Kurort Bad Wiessee entstand erst im 20. Jahrhundert. Die Gegend jedoch war schon seit altersher besiedelt und urkundlich erwähnt. Im „Urbar" (eine Art Grundbuch) des Klosters Tegernsee werden 1017 drei Höfe in Wesses erwähnt; es handelt sich um die westlich des Tegernsees gelegenen Niederlassungen. Nach der Klosteraufhebung im Jahre 1803 wurde aus Wesses Wiessee. Die Geschichte des heutigen Weltbades beginnt im Jahre 1441. Die Klosterbrüder vom nahen Tegernseer Kloster entdeckten eine ölige Flüssigkeit, weihten das gefundene Öl, tauften es auf den Namen „St. Quirinusöl" und verkauften es jahrhundertelang als „wundertätiges Öl zur Heilung von

Bad Wiessee am Tegernsee

Lahmen und Gichtbrüchigen und für Brandwunden". Erst im 19. Jahrhundert wurde durch die Chemie bewiesen, dass es sich hier um reines Erdöl, also Petroleum, handelt. Nun versuchte man zunächst erfolglos durch Bohrungen eine ergiebige Quelle zu erschließen. Als im Jahre 1898 in der Nähe des Sees eine neue Bohrung niedergebracht wurde, war man voll Zuversicht, nun endlich fündig zu werden. Der damalige Leiter einer holländischen Gesellschaft fand bei der Bevölkerung im ganzen Tal wenig Gegenliebe, da man eine Zerstörung der Landschaft durch die Bohrtürme, durch die kommende Industrialisierung und durch das Erdöl befürchtete. Erst 1909 entdeckte man in einer Tiefe von 676 m eine Quelle, die stark nach Schwefelwasserstoff roch und die sich nach dem Gutachten eines Wiesbadener Laboratoriums „hervorragend zur therapeutischen Verwendung in einem Heilbad eignen würde." Ein Jahr später wurde bereits ein provisorischer Badebetrieb begonnen. Die Quelle erhielt später den Namen „König-Ludwig-III.-Quelle". Die holländische Gesellschaft, die die Bohrungen vorgenommen hatte, nahm den Namen „Jod- und Schwefelbad Wiessee GmbH" an.
Bereits 1922 wurde der Ort zum „Heilbad" ernannt. Eine zweite Quelle wurde im Jahre 1930 erbohrt. Auch diese Quelle wurde in 632 m Tiefe gefunden. Sie erhielt den Namen der holländischen Königin „Wilhelmina". Die beiden Quellen bilden seither die Grundlage des Heilbades. Ihr Wasser enthält die wertvollen Stoffe Jod, Schwefel und Fluor. In Mitteleuropa gibt es keine Quelle mit gleicher Wasserzusammensetzung. Das Bad Wiesseer Wasser wirkt heilend bei Erkrankungen des rheumatischen Formenkreises, bei Herz- und Gefäßerkrankungen, bei Störungen der Kreislauffunktion, bei Krankheiten der Atemwege und bei Augenkrankheiten.

Sehenswert im Ort

Die Pumphäuser der beiden Quellen. Im Pumphaus der König-Ludwig-III.-Quelle wird gleichzeitig Erdgas gewonnen und dieses zum Betrieb des Pumpwerkes verwendet (Perpetuum mobile). – **Kur- und Aktivierungszentrum: Freibadeanlage, Bade Park, Tennispark** mit **Open-air-Halle**. – **Seepromenade.** – Alte **Bauernhäuser** in **Altwiessee**. – Moderne **Pfarrkirche Maria Himmelfahrt,** 1925 von R. von Miller in gotisierenden Formen erbaut. Einschiffiges Langhaus mit Spitzbogen-Holzdecke. Am Hauptportal Figur des hl. Michael von Prof. Killer. Plastiken Adam und Eva. Marmorkanzel, Fresko von Hotter aus dem Allgäu: Tegernsee-Bevölkerung huldigt der Madonna mit dem Jesuskind. – **Herz-Jesu-Kapelle** beim St. Josefsheim am Löblweg. – Moderne **St. Anton-Kirche** (1959) mit Fresken von Kunstmaler Hausinger aus München. – **Bergfriedhof.** – **Rathaus** mit Giebelfresko und Uhrtürmchen. – **Evangelische Kirche,** bemerkenswerte Orgelanlage. – **Quirinus-Kapelle** südlich vom Rohbogenhof. – **Kurkonzerte** (Jänner bis November). – **Bad Wiesseer Konzertsommer**. – **Seefest** im August.

Spazierwege und Bergtouren

Kurweg – Rundgang, 1 Std. Kuramt – Furtwänglerstraße – Rieppelstraße – Jägerstraße – Schmerbachgrund – Rohbognerweg – Adalbert-Stifter-Weg – Kuramt. – Zur Prinzenruhe und Freihaus, 1¼ Std. Vom Lindenplatz (Zentrum) zum Prinzenruhweg – Sportplatz – Prinzenruhe – Freihaus und zurück zum Lindenplatz. – Zur Aueralm, 1269 m, hin und zurück, ca. 4 Std. Zum Kurpark Abwinkl und in Richtung Sportplatz – dort entweder direkter Aufstieg über Waxelmooseck, 1135 m, und auf der Höhe weiter zur Aueralm oder zur Jausenstation Sonnenbichl und im Zeiselbachtal, immer dem Bachbett folgend, bis zur Aueralm. – Ins Breitenbachtal, ca. 2 Std. Vom Lindenplatz zur Breitenbachbrücke und dann immer auf schattigem Dammweg dem Breitenbach entlang. Nach zehn Minuten wird die Auerstraße überschritten und die Breitenbachstraße weitergegangen.

Nach ¼ Std. zwängt sich die Straße ins schluchtartige Breitenbachtal, windet sich empor und steigt in einer steilen Kurve zur Jausenstation Freihaus, 824 m, an, 1¼ Std. Rückweg durch das Breitenbachtal. – Zum Ort Holz, 804 m, 1½ Std. Nördlich von Bad Wiessee, dort wo die Straße aus den Felsen gesprengt ist, geht man ein aufsteigendes Sträßchen bis zum Rohbognerhof. Südlich des Hofes steht am Waldrand die Quirinus-Kapelle (Quirinus-Öl!). Der Weiterweg führt über Wiesen und saftige Weiden nach Holz. Man kann von Holz auf geteerter Straße nach Kaltenbrunn weitergehen, ½ Std. Rückweg über die Hainzenhöhe, Bayerhof zur Bayersäge und zur Münchner Straße. – Zum Bauer in der Au, 904 m, 1½ Std. Auf der Fahrstraße ins Söllbachtal zu einem Stauwehr. Kurz danach wird der Söllbach überschritten. Bei der Wegteilung nach links und aufwärts. Nach einer scharfen Kurve haben wir das Ziel erreicht. Etwas weiter liegt ein Forsthaus. – Zur Schwarzentennalm, 1027 m, ca. 3 Std. Von Abwinkl ins Söllbachtal, immer aufwärts bis zur Neuhütten-Winterstube. Nun über die Brücke und über Wiesen, durch Wald, immer auf und ab ins Hochtal. Von der Schwarzentennalm kann der Weiterweg durch die „Klamm" bis zur Bundesstraße 307 genommen werden (weitere 2 Std.) – Von der Schwarzentennalm Aufstieg zur Buchsteinhütte, 1260 m, 1 Std. – Auf den Luckenkopf, 1370 m, 3¼ Std. (leicht). Den Breitenbach entlang, am Hallenbad vorbei aufwärts bis zur Winterstube. Nach ca. 200 m rechts abzweigend in gleichmäßiger Steigung zum Ziel. Beim Rückweg geht man vom Sattel aus direkt hinunter zur Holzstube (Diensthütte) und erreicht nahe der Winterstube wieder den Aufstiegsweg. – Auf den Fockenstein, 1562 m, durch das Zeiselbachtal und über die Aueralm, 1269 m, 3 Std. (Rückweg über die Waxelmoosalm und den Gasthof Sonnenbichl). – Auf den Auerkamp, 1607 m, und Spitzkamp durch das Söllbachtal, den Stinkergraben und über den Hirschtalsattel, 1224 m, 3 Std. (bis zum Sattel leicht, Gipfelgrat nur für Geübte!). – Auf den Roßstein und Buchstein, 1702 m, durchs Söllbachtal und über die Schwarzentennalm, 1027 m, Buchsteinhütte und Tegernseer Hütte, 5 Std. (nur für Geübte!).

BENEDIKTBEUERN AB 3

Gemeinde, Landkreis Bad Tölz-Wolfratshausen, Einwohner: 3200, Höhe: 640 m, Postleitzahl: D-83671. **Auskunft:** Gästeinformation Benediktbeuern. **Bahnstation:** Benediktbeuern. **Busverbindung** nach Bad Tölz, Kochel am See und Penzberg.

Seinen Namen verdankt das zwischen Gebirgsfuß und Moor gelegene Dorf dem am westlichen Ortsrand gelegenen ehemaligen Benediktinerkloster, dessen imposanter Bau schon von weitem auffällt. Es soll das älteste Kloster Oberbayerns sein und wurde 739 gegründet. St. Bonifatius hat bei der Errichtung des Stiftes durch die Huosi-Familie maßgeblich mitgewirkt. Aus dem Huosigeschlecht stammten auch die drei ersten Äbte. Karl der Große überbrachte der Legende nach noch vor 800 die große Reliquie des hl. Benedikt. Beim Einfall der Ungarn, 955, wurde das Kloster zerstört, aber bald wieder aufgebaut. Als Vögte waren dem Kloster zunächst die Grafen von Andechs, dann, nach deren Aussterben, die Herzöge von Bayern übergeordnet. An sie musste eine Vogteisteuer gezahlt werden. Die Äbte stammten ab 1500 ausschließlich aus bäuerlichen oder bürgerlichen Familien. Das Kloster unterhielt im Frühmittelalter eine bedeutende Schreibstube, aus der die „Carmina Burana" hervorgingen, die Carl Orff vertont hat. Im Barock wirkte hier Carl Meichelbeck, einer der bedeutendsten Historiker Bayerns. In der Säkularisation, 1803, wurde das Kloster aufgehoben. Freiherr von Utzschneider erwarb die Gebäude und gewährte dem mathematisch-optischen Institut von Reichenbach und Fraunhofer Unterkunft. Hier arbeitete Fraunhofer an neuartigen Poliermaschinen, Sphärometern, Doppelbild-Mikrometern und krönte seine Benediktbeuerner Forschungsarbeit

Kloster Benediktbeuern

mit der Erfindung und Herstellung wellenfreien Flintglases. Heute gehört das Kloster dem Orden der Salesianer Don Boscos.

Sehenwert im Ort

Das **Kloster Benediktbeuern.** Führungen finden ganzjährig statt. Die **Basilika** wurde 1681 – 1686 im Barockstil erbaut und 1970 gründlich restauriert. Beachtenswert sind vor allem die Deckengemälde von Georg Asam (dem Vater der berühmten Asam-Brüder) und der Stuck. – Die **Anastasiakapelle** wurde 1750 – 1758 vom berühmten Rokoko-Baumeister Johann Michael Fischer an die Klosterkirche angefügt. Das Deckenfresko stammt von Johann Jakob Zeiller. Sehenswert sind auch einzelne Säle in den Klostergebäuden, so unter anderem der barocke alte Festsaal (Stuck: Caspar Feichtmayr, Gemälde: Caspar Amort), der neue Festsaal im Rokokostil, 1731 von Johann Baptist Zimmermann und der Bibliothekssaal vom selben Künstler. – **Wildbachlehrpfad** am Lainbach. Dieser Wildbach wird auf 10 Informationstafeln vorgestellt. Diese sind: Grundlagen der Wildbachkunde, Treibholzrechen am Lainbach, Aufgaben des Wasserwirtschaftsamtes, Geologie des Lainbachtales, Kleintiere im Wasser, Pflanzen am Wildbach, Schutz vor Wildbächen, Bauwerke der Wildbachverbauung, Sanierung im Einzugsgebiet.

Spazierwege und Bergtouren

Nach Bichl, ½ Std., entlang der Allee westlich der Eisenbahn. – Rundweg über Brunnenbach, Pessenbach, Pfisterweg und Gschwendt, 3 Std. – Auf die Benediktenwand, 1800 m, 4 Std. (bis zur Tutzinger Hütte leicht, 2½ Std.; Gipfel mittel). Die „Benewand" ist der Hausberg von Benediktbeuern. Man folgt der Forststraße bis hinter die Kohlstatt. Dort links hinab zur Klause, wo man die Schmiedlaine überquert. Kurz vor der Eibelsfleckalm erreicht man wieder die Forststraße, die das Tal der Schmiedlaine in weitem Bogen ausgeht. Hinter der Eibelsfleckalm führen einige Serpentinen durch die „Eng" empor zur Tutzinger Hütte, 1327 m. Gleich hinter der Hütte gabelt sich der Weg in den Ost- und Westanstieg. Man nimmt den Ostweg zum Aufstieg und zum Abstieg den Westweg. Umgekehrt ist es nicht zu empfehlen. Wer sich den steileren Ostanstieg nicht zutraut (Drahtseilversicherungen), nehme nur den Westweg. Abstieg von der Hütte evtl. durch das Lainbachtal statt über die Kohlstatt. Dort führt der Wildbachlehrpfad ab der Söldner-Alm (nicht bewirtschaftet) bis zur Mariabrunner Brücke, 4 km, ca. 1 Std.

BICHL A 2-3

Gemeinde, Landkreis Bad Tölz-Wolfratshausen, Einwohner: 1800, Höhe: 622 m, Postleitzahl: D-83673. **Auskunft:** Gemeindeamt/Verkehrsverein Bichl. **Bahnstation:** Bichl. **Busverbindung** nach Bad Tölz, Kochel am See, Penzberg und Wolfratshausen.

Bichl liegt wie Benediktbeuern auf dem Streifen sicheren Grundes zwischen den ersten Bergen und dem großen Moorgebiet, das sich vom Kochelsee nach Norden bis Penzberg erstreckt. Moor und Gebirge sind beides weitgehend unberührte Naturlandschaften, die zum Wandern und zur Begegnung mit der Tier- und Pflanzenwelt locken. Seinen Namen hat Bichl von dem kleinen Hügel, auf dem die Rokokokirche liegt, eine der schönsten Dorfkirchen Bayerns.

Sehenswert im Ort und in der Umgebung

St.-Georgs-Kirche, erbaut 1751 von Johann Michael Fischer, dem berühmtesten bayerischen Rokokobaumeister und Schüler von Cuvillies. Zentralbau mit Chor und Eingangshalle, Deckengemälde von Johann Jakob Zeiller, Hochaltar von Johann Baptist Straub (teilweise im 19. Jh. verändert). – Das **Kloster Benediktbeuern** (2 km entfernt), siehe dort.

Spazierwege

Zum Straßberg, 1 Std. – Nach Benediktbeuern ½ Std., entlang der Allee westlich der Bahnlinie. – Nach Bad Heilbrunn, 1 Std., über Hofstätt, Steinbach und Baumberg. – Zur Bichler Hütte dem Steinbach entlang im Steinbachtal und zurück, 1½ Std.

GAISSACH C 2

Gemeinde, Landkreis Bad Tölz-Wolfratshausen, Einwohner: 3000, Höhe: 740 m, Postleitzahl: D-83674. **Auskunft:** Verkehrsverein Gaißach. **Bahnstation:** Bad Tölz (2 km). **Busverbindung** nach Bad Tölz und Holzkirchen.

Inmitten grüner Wiesen liegt die Gemeinde Gaißach

Die schmucke Gemeinde Gaißach mit ihren 23 Ortsteilen befindet sich in einer von Wiesen geprägten Landschaft südöstlich von Bad Tölz. Weltberühmt ist das Gaißacher Schnablerrennen (Hornschlitten) im Fasching. Seine herrliche Lage in den Voralpen des Karwendelgebirges macht Gaißach zu einem beliebten Ferien- und Erholungsort. Markierte Wanderwege, Kinderspielplätze, ein Sportplatz, Wanderskilangloipen, Schiabfahrten (Lift vorhanden), etc. laden ein

Spazierwege und Bergtouren

Nach Bad Tölz, ½ Std. – Nach Greiling über Attenloh, ¾ Std. – Auf den Rechelkopf, 1328 m, über den Sulzkopf, 2¼ Std.

GMUND am Tegernsee — D 2

Gemeinde (D 2), Landkreis Miesbach, Einwohner: 6100, Höhe: 740 m, Postleitzahl: D-83703. **Auskunft:** Verkehrsamt Gmund am Tegernsee. **Bahnstation:** Gmund am Tegernsee. **Busverbindung** nach Bad Tölz, Bayrischzell, Irschenberg, München und Tegernsee. **Schiffsstation.**

Gmund liegt am Nordende des Tegernsees und damit an der Eingangspforte ins Tegernseer Tal. Der Ortsname "Gemunden", der schon seit dem 10. Jh. bekannt ist, bezieht sich auf die Einmündung des Tegernsees in die Mangfall. Hier ist die „Quelle" der Mangfall, deren Lauf zuerst gegen Norden und später über Bruckmühl nach Osten führt. In der Nähe Rosenheims fließt sie in den Inn. Von Gmund aus überblickt man den See, dessen Panorama an der südlichen Bergkette abschließt. Rechts sieht man die Häusergruppen von Bad Wiessee und links (Osten) die Silhouetten von Tegernsee. Alteingesessene Familien mit bedeutenden Namen haben hier ihren Hof über Jahrhunderte erhalten. Ein Hans Reiffenstuel baute eine Soleleitung aus Holzrohren von Reichenhall bis Traunstein. Ein Johann Baptist Mannhart hatte als Hüterbub Zeit genug zum Basteln. Er wurde Uhrmacher und eröffnete in München eine Turmuhrfabrik, deren Erzeugnisse zu Hunderten nach Italien, Rußland, Amerika und Westindien exportiert wurden. Max Obermayer, seines Zeichens Wirt von Gmund, führte das Simmentaler Vieh aus der Schweiz in Bayern ein. Seine Zuchterfolge waren so berühmt, dass der Zar von Rußland, Nikolaus I., eine Herde von ihm erwarb, die der Verkäufer selbst nach Petersburg bringen musste. Der Florianibrunnen inmitten des Ortes ehrt den Wirt und Züchter.

Noch vor der Gründung des Klosters Tegernsee im 8. Jh. bestand Gmund als Urpfarrei (diese wurde 1274 dem Kloster einverleibt). Die Siedlung wuchs bei der Mangfallbrücke, einem wichtigen Übergang für den Verkehr nach Tegernsee. Im 19. Jh. entwickelten sich aus dem heimischen Handwerk verschiedene Kleinindustrien (Kupferwalzwerk, Papier- und Maschinenfabrik), heute gibt es im Mangfalltal noch zwei Papierfabriken. Mit nahezu 70 bewirtschafteten Höfen hat die Gemeinde, die sich auf die Ortsteile Finsterwald, Dürnbach, Moosrain, Gasse, Ostin und St. Quirin erstreckt, ihren ländlichen Charakter bewahrt. Spaziergänge am weitgehend unbebauten Seeufer, wo der Blick über den See und zu den Bergen frei ist, und im verträumten Mangfalltal, Wanderungen, Bergtouren und Wassersport sowie Skisport im Winter zeichnen den anerkannten Erholungsort aus.

Sehenswert im Ort und in der Umgebung

Das Wahrzeichen von Gmund ist die **Pfarrkirche St. Ägidius**, nach dem Brand des Vorgängerbaus 1688 – 1693 von Lorenzo Sciasca aus Graubünden erbaut. Hochaltarblatt von Johann Georg Asam (1692), Samariter-Relief von Ignaz Günther (1763). Zahlreiche Grabdenkmäler im Friedhof: z. B. Familie Reiffenstuel, Grab des „Wilden Jagers von Gmund". – **Pestkapelle** aus dem Dreißigjährigen Krieg. – In **Georgenried** die **Filialkirche**, schönste gotische Kirche der Gegend, mit Innenausstattung aus der Renaissance-

zeit, geschaffen von Stephan Zwickh. – Gotische **Kapelle St. Quirin** (1450). – Das **Heimatmuseum** ist im Jagerhaus aus dem Jahr 1793 untergebracht. – **Seeufer-Lehrpfad** von Seeglas nach Kaltenbrunn.

Spazierwege

Nach Kaltenbrunn, ½ Std. Von der Mangfallbrücke immer am Seeufer entlang. – Zur Hainzenhöhe, ¾ Std. Von Kaltenbrunn in Richtung Finsterwald. Dort nach Süden abbiegen zur Hainzenhöhe. – Ortschaft „Gasse", typisch oberbayerisch, 40 Min. vom Florianibrunnen. Abstieg nach St. Quirin. – Ins Mangfalltal, 1 – 1½ Std. Am Ufer der brausenden Mangfall zur Papierfabrik Louisental (Feinpapiere und Papier für Banknoten), weiter nach „im Grund" (Marterl zur Erinnerung an eine Wildererschlacht), und über „Thalmühl" zum „Müller am Baum". Dort findet man im Wald verborgen die verfallene Salzstraße, auf der man auch heute noch bis Miesbach wandern kann. – Zur Ortschaft Eck, 865 m, 1¼ Std. Von der Kirche die Anhöhe hinauf nach Osterberg. Nach einer halben Stunde erreicht man Schwärzenbach. Über den Lärchenwald zur hochgelegenen Ortschaft Eck mit prächtigem Blick auf den Wendelstein. – Nach St. Quirin, am Uferweg, ¾ Std., über Gasse und Unterbuchberg, 1 Std. Beim Bahnübergang ein Gletscherschliff. Der Uferweg ist mit SG beschildert, der Weg über Gasse und Unterbuchberg mit G 1.

JACHENAU B 5

Gemeinde, Landkreis Bad Tölz-Wolfratshausen, Einwohner: 900, Höhe: 790 m, Postleitzahl: D-83676. **Auskunft:** Fremdenverkehrsverein Jachenau. **Bahnstation:** Lenggries (18 km). **Busverbindung** nach Lenggries und Garmisch-Partenkirchen.

Jachenau ist nicht nur ein Dorf und eine Gemeinde, sondern ein weites, langgestrecktes Hochtal zwischen Walchensee und der weitausholenden Isar. Vom Verkehr des Massentourismus von jeher abseits liegend, ist die Jachenau die Erholungsstätte für den Wanderer. Es locken hier nicht nur die waldumsäumten Berge, sondern auch Touren zum bekannten Walchensee und Sylvensteinsee. Die Nordseite des schmucken Tales ist begrenzt von der 1800 m hohen Benediktenwand.

Jachenau

Spazierwege und Bergtouren

Zum Walchensee, 802 m, 1½ Std. Man geht zum Weiler Berg und weiter zur Fieberkapelle. Von dort senkt sich der Weg nach Sachenbach, am Ostufer des Walchensees gelegen. – Zum Sylvensteinsee, 2½ – 3 Std. Man folgt einem kleinen Sträßchen, das über die Grabenalm zwischen Rotwand, 1104 m, und Falkenwand, 1221 m, zur Unteren Schronbachalm führt. Von dort geht das Sträßchen steil hinunter zum Staudamm und zum Kraftwerk des Speichersees. – Nach Vorderriß über den Rißsattel, 1223 m, 2½ Std. (leicht). Man folgt dem Tal des Wilfetsbaches über die Lainer- und Luitpolderalm und erreicht den Rißsattel, von dem man steil nach Vorderriß hinabsteigt. – Auf die Benediktenwand, 1800 m, 4½ Std. (mittel). Zunächst auf dem Sträßchen in das Tal der Großen Laine hinein zur Lainlalm, nun dem Glasbach entlang aufwärts zur Glaswandscharte, 1324 m, von der man dem Grat entlang nach Osten aufsteigend den Gipfel erreicht. – Auf den Jochberg, 1565 m, 3 Std. (leicht). Man durchwandert das Tal der Kleinen Laine bis zur Kotalm, 1¾ Std.; von dort steigt man über die Jocheralm, 1382 m (Juni – Oktober bewirtschaftet) empor zum Gipfel.

KOCHEL am See — A 4

Gemeinde, Landkreis Bad Tölz-Wolfratshausen, Einwohner: 4200, Höhe: 605 m, Postleitzahl: D-82431. **Auskunft:** Tourist Info Kochel am See. **Bahnstation:** Kochel am See. **Busverbindung** nach Bad Tölz, Garmisch-Partenkirchen, Mittenwald, Murnau, Penzberg und Wolfratshausen.

Kochel am See ist durch seine Lage sehr begünstigt. Im Norden erstrecken sich weite Moorgebiete mit reicher Pflanzen- und Tierwelt. Im Westen lockt der See im Sommer zum Baden und Rudern, im Winter zum Eislaufen und Eisstockschießen. Im Süden windet sich die Kesselbergstraße zwischen Herzogstand, 1731 m, und Jochberg, 1565 m, – beides beliebte Tourenziele – hindurch zum Walchensee. Im Osten erhebt sich hinter waldigen Vorbergen die 1800 m hohe Benediktenwand. In der Ortsmitte erinnert ein großes Denkmal an den Schmied von Kochel, Balthasar Mayr, der 1705 bei Sendling (München) im Kampf gegen österreichische Besatzungstruppen gefallen ist.
Siehe auch unter **URFELD** und **WALCHENSEE**.

Sehenswert im Ort und in der Umgebung

Die **Pfarrkirche St. Michael,** reiche Rokokoausstattung, dazu frühklassizistische Kanzel. – Das **Schmied-von-Kochel-Denkmal**. – Das **Franz-Marc-Museum** zeigt eine große Sammlung von Gemälden, Grafiken und persönlichen Dingen des Künstlers. – Das **Walchensee-Kraftwerk** (4 km), erstes Großkraftwerk Bayerns, 1924 in Betrieb genommen; das Wasser stürzt durch Druckrohre vom 200 m höher gelegenen Walchensee herab, in den durch Überleitungen von der Isar und vom Rißbach zusätzlich Wasser geleitet wird. Daneben (Altjoch 21) befindet sich das **Informationszentrum** des Walchensee-Kraftwerkes, das täglich von 9 – 17 Uhr geöffnet ist. – Das ehemalige **Augustiner-Chorherren-Stift St. Tertulin** und die **Friedhofskapelle** in **Schlehdorf** (4 km). – Die **Kesselbergstraße**, bekannt durch die hier ausgetragenen Autorennen.

Spazierwege und Bergtouren

Nach Schlehdorf entlang des Südufers über das Walchenseekraftwerk und den Felsenkeller, 1½ Std. – Trimmweg im Loisachmoos, Wegstrecke nach Belieben. – Nach Benediktbeuern über die Kohlleitealm, das Ötzschlössl, Pfisterberg und Gschwendt, 2½ Std. – Auf den Herzogstand, 1731 m, 3½ Std. (leicht). Von Kochel am See auf der alten Straße auf die Kesselberghöhe, 858 m, 1 Std. (evtl. auch bis hierher mit dem Bus); von dort auf dem ehemaligen Reitweg zu den Herzogstandhäusern, 2 Std.; von dort aus

Alte Post und Schmied-von-Kochel-Denkmal

weiter zum Gipfel, ¾ Std. – Auf den Jochberg, 1565 m, 3 Std. Wie vorher auf die Kesselberghöhe, 1 Std.; von dort die Jocheralm rechts liegen lassend zum Gipfel. – Auf den Rabenkopf, 1559 m, 3½ Std. (mittel). Von Kochel am See auf dem Fahrweg durch den Laingraben und über das Talfleck zur Staffelalm, 2¾ Std.; von dort erreicht man steil den Gipfel, 3/4 Std.

KÖNIGSDORF B 1

Gemeinde, Landkreis Bad Tölz-Wolfratshausen, Einwohner: 2900, Höhe: 625 m, Postleitzahl: D-82549. **Auskunft:** Gemeindeverwaltung Königsdorf. **Bahnstation:** Bad Tölz (13 km). **Busverbindung** nach Kochel am See und Wolfratshausen.

Der hübsche Ort liegt zwischen Loisachtal und Isartal im Voralpenland und bietet Aussicht auf die Alpenkette. Das bekannte Skigebiet des Braunecks ist nur 20 km entfernt. Für Wanderer, die gern außerhalb des Massenbetriebs bleiben wollen, ist hier ein ruhiger Platz.

Sehenswert im Ort

Spätgotische **St. Laurentius-Kirche** mit frühklassizistischem Stuck und frühklassizistischer Kanzel, schöne Grabsteine.

Spazierwege

Nach Beuerberg, 1¼ Std., schöne Birkenallee durch Moor- und Heideland. – Nach Bad

Tölz, nördlich des Dachsbergs, 668 m, nach Rothenrain und weiter über Nodern, Prösteln und Abberg in das Isartal und nach Bad Tölz, 2 Std. – Nach Mooseurach, über die Mühle Zellwies, 1 Std.

KREUTH D 4

Gemeinde, Landkreis Miesbach, Einwohner: 3700, Höhe: 782 m, Postleitzahl: D-83708. **Auskunft:** Kurverwaltung Kreuth. **Bahnstation:** Tegernsee (10 km). **Busverbindung** nach Tegernsee und Stuben.

Der anerkannte heilklimatische Kurort südlich des Tegernsees besitzt aufgrund seiner Höhenlage zwischen ca. 800 und 1800 Meter Seehöhe ein vorzügliches Reizklima. Kreuth ist flächenmäßig die zweitgrößte Gemeinde der Bundesrepublik und erstreckt sich im Weißachtal südlich von Rottach-Egern und hinein ins Gebirge bis zur österreichischen Grenze. Seit jeher bestanden enge Beziehungen, mitunter auch kriegerische, zu Tirol. Durch das Tal führt die uralte Straße über den Achenpass, 940 m, zum Achensee. Durch regelmäßige Busverbindungen wird die Verbindung durch das ganze Tal auch im Winter aufrecht erhalten. Die zum Gemeindegebiet gehörenden Ortsteile wie z. B. Glashütte, Bayerwald und Winterstube sind durch Busverbindungen erreichbar. Als erstes wurde das wilde Gebirgstal vom Kloster Tegernsee kultiviert: herrlicher Wald, weite Almen, große Gehöfte und Kapellen waren Klosterbesitz. Die Schwefelquellen im Wildbad Kreuth wurden schon im späten Mittelalter vom Kloster Tegernsee genutzt. Seit dem 19. Jh. förderten die Wittelsbacher die einmalige Tallandschaft. König Maximilian I. Joseph kaufte 1818 Kreuth und den Kurort Wildbad Kreuth und errichtete das Kurhaus, das seit 1973 nicht mehr in Betrieb ist (dort befindet sich jetzt das Bildungszentrum der Hanns-Seidel-Stiftung). Das 20 km lange Tal und seine stillen Nebentäler sind ein Naturpark, in dem es sich herrlich wandern, radfahren und erholen lässt.
In den alten Bauernhäusern, die sich um die Kirche scharen oder in den kleinen Ortsteilen, leben noch alteingesessene Bauern mit Freude und Stolz am guten Viehstand, an reichen Wiesen und Wäldern, und der Pflege von Sitte und Brauch.

Sehenswert im Ort und in der Umgebung

Gotische **Pfarrkirche St. Leonhard**, 1489 – 1491 anstelle der ursprünglichen Kirche aus dem 12. Jh. erbaut und 1776 nach Westen verlängert. Neugotischer Hochaltar. – In **Wildbad Kreuth** die **Heiligkreuzkirche**, 1707 geweiht. Auf dem Altar Kreuzigungsgruppe (18. Jh.). – **Ehemaliges Kurhaus**, jetzt Bildungszentrum der Hanns-Seidel-Stiftung. – In **Glashütte** die **Kirche Mariä Heimsuchung**, 1698 erbaut. Am Altar spätgotische Madonna mit Kind. – Brauchtumsveranstaltungen wie die **Leonhardifahrt** am 6. November.

Spazierwege

Rundwanderung um Enterfels, 1 Std. – Nach Scharling, ½ Std. Vom Rathaus zum Pletscherergraben und Klinik Bruneck (schöner Ausblick). Nun abwärts nach Scharling und zurück durch die Weißachauen. – Zur Raineralm über Riedlern und den Rainer-Almweg, zurück durch das Naturschutzgebiet Weißachau, 1 Std. – Nördlich ins Weißachtal: über Point, Scharling und Schärfen nach Enterbach und bis Oberhof, dort über die Weißach und durch die Weißachauen zurück, 2 Std. – Zur Siebenhüttenalm, 837 m, von Kreuth über Wildbad Kreuth, 1½ Std. – Zur Schwarzentennalm, 1027 m, von Kreuth über Enterfels und den Leonhardsteinsattel, 2 Std. Abstieg durchs Söllbachtal nach Bad Wiessee oder zur Klamm im Weißachtal, 2 Std. – In die Lange Au: Von Kreuth am rechten Ufer aufwärts zur Mündung des Sagenbaches, beim Wasserfall zur Schwaigeralm und weiter am Bach entlang bis zum Steinernen Kreuz, 882 m, 2½ Std. – Auf den Roß- und

Buchstein, 1702 m, von Kreuth über den Leonhardsteinsattel, die Buchsteinhütte und Tegernseer Hütte. Abstieg über die Sonnbergalm nach Bayerwald, 6 Std. (nur für Geübte!). – Auf den Risserkogel, 1826 m. Von Kreuth südwärts am Weißachdamm zur Raineralm, weiter zur Schwaigeralm und Richtung Langenau, dann steil über die Ableitenalm zum Gipfel. Abstieg über das Grubereck und den Daffenstein (oder vom Grubereck zum Setzberg und Wallberg weiter), 5 Std. (nur für Geübte!). – Auf den Leonhardstein, 1449 m, von Riedlern über Enterfels und die Duslaualm, 2 Std. (nur für Geübte). – Gratwanderung Blauberge und Halserspitz, 1861 m. Von Wildbad Kreuth über die Schwaigeralm und durch die Langenau zum Steinernen Kreuz, über die Bayerbachalm zur Gufferthütte, 1475 m, und auf den Halserspitz. Gratwanderung über die Blauberge bis zum Schildenstein, 1611 m. Abstieg über die Königsalm nach Klamm, 9 Std. (nur für Geübte!).

Rundwanderungen: Zur Königsalm, 1115 m. Vom Wildbad Kreuth über Gernberg und die Geißalm zur Königsalm, hinunter nach Klamm und entlang der Weißach zurück nach Wildbad Kreuth, 4 Std. – Auf den Hirschberg, 1670 m. Von Kreuth über Gründ und die Rauheckalm auf den Gipfel, Abstieg über das Hirschberghaus und Scharling nach Kreuth, 5 Std.

LENGGRIES C 3

Gemeinde, Landkreis Bad Tölz-Wolfratshausen, Einwohner: 8700, Höhe: 679 m, Postleitzahl: D-83661. **Auskunft:** Verkehrsamt Lenggries. **Bahnstation:** Lenggries. **Busverbindung** nach Bad Tölz und Jachenau. **Bergbahn:** Brauneck-Kabinenbahn, Sessel- und Schlepplifte.

Ehe die grüne Isar die Berge verlässt, durchfließt sie den Isarwinkel. Mittelpunkt dieses weiten Alpentales ist Lenggries. Rings von bewaldeten Bergen umgeben, wurde es im letzten Jahrzehnt zu einem Skidorado und Wanderparadies (320 km markierte Wander-

Von Lenggries aus lohnt sich der Ausflug zur Walchenklamm

wege). Dazu kommt, dass sich hier dennoch urtümliche Art und Brauchtum erhalten haben, was sich besonders in der Tracht und den Volksliedern ausdrückt.
Siehe auch unter **VORDERRISS**.

Sehenswert im Ort
Fassadenmalereien an vielen öffentlichen und privaten Häusern. – **Pfarrkirche St. Jakob,** ein stattlicher Barockbau mit hübscher Kanzel. – **Mariahilfkapelle** (Friedhof) mit Rokokofresken und gotischer Madonna. – **Kalvarienberg mit Kapelle** (eine der ältesten Bayerns!) mit einer einmaligen Votivtafel-Sammlung. – **Schloss Hohenburg** mit Parkanlagen. – Das **Tiermuseum.**

Spazierwege und Bergtouren
Nach Mühlbach über den Kalvarienberg, ¾ Std. – Rundweg über das Schloss Hohenburg, 1½ Std., durch die Bachmairgasse zum Erlebnisbad „Isarwelle", rechts durch die Goethestraße zum Oberreiterweg, entlang des Ludwig-Thoma-Weges bis zum Haus Nr. 25, von dort leicht ansteigend zu den Weihern, zum Gutshof und zum Schloss, weiter zur Dionyskapelle und abwärts über die Treppen zum Maria-Anna-Weg und zur Ortsmitte. – Rundweg über Wegscheid, 2 Std. Vom Bahnhof – Bahnhofstraße – Rathaus – Hohenburg – Mühlbach – Holz – Bretonenbrücke nach Wegscheid, von dort auf dem Isaruferweg zur Brücke und zurück zum Bahnhof. – Zum Wandergebiet von Lenggries gehören auch der Sylvensteinsee mit dem Dorf Fall und der Walchenklamm sowie die Jachenau. Manche Ziele können mit dem Omnibus erreicht werden, um von dort aus Wanderungen zu unternehmen. – Auf den Geierstein, 1491 m, 2½ Std. – Auf den Fockenstein, 1562 m, 3 Std. – Auf das Seekarkreuz, 1601 m, über die Lenggrieser Hütte, 3 Std. – Auf das Brauneck, 1555 m, 2½ Std.

PENZBERG A 2

Stadt, Landkreis Weilheim-Schongau, Einwohner: 15 500, Höhe: 596 m, Postleitzahl: D-82377. **Auskunft:** Büro für Öffentlichkeitsarbeit in Penzberg. **Bahnstation:** Penzberg. **Busverbindung** nach Weilheim, Bad Tölz, Kochel am See, Tutzing und Wolfratshausen.

Der Name "Poennensperch" taucht im Jahre 1275 erstmals in einer Tauschurkunde auf. Gemeint war damit ein flacher Höhenrücken, heute im Stadtgebiet von Penzberg, mit einem Meierhof, aus dem im 15. Jh. drei landwirtschaftliche Anwesen hervorgingen. Über Jahrhunderte teilten sich das Kloster Benediktbeuern und das Angerkloster in München den Grundbesitz der gesamten Gegend um Penzberg. Auch im Jahr 1808, als nach der Säkularisation der Gemeindedistrikt St. Johannisrain gebildet wurde, bestand das dazugehörige "Pensberg" immer noch aus drei Höfen. Erst nachdem im Jahr 1796 der Münzrat Matthias Flurl dem Kurfürsten Carl Theodor vom Vorhandensein mehrerer Kohleflöze in der Gegend von Penzberg berichtet hatte, nahm die gleichnamige spätere Bergarbeitersiedlung ihren Aufschwung. 1851 wurde der erste Schacht in die Tiefe getrieben. 1919 erhielt Penzberg die Stadtrechte.
Seit der Schließung des Bergwerks 1966 hat sich Penzberg zu einem vielseitigen, pulsierenden Ort und Wirtschaftsraum entwickelt. Große, kleine und mittelständische Betriebe mit einem breiten Arbeitsspektrum, vom traditionellen Handwerk bis zur Biotechnologie, haben sich hier angesiedelt. In der Innenstadt und in den neuen Einkaufspassagen kann man herrlich bummeln und einkaufen. Ein Stadt- und Tagungshotel, gemütliche bayerische Biergärten, traditionelle Gasthöfe und internationale Restaurants sorgen für einen angenehmen Aufenthalt.

Sehenswert im Ort

Kirche St. Johannisrain mit Barockaltar. – **„Gotteshaus zu Hub“** mit spätbarockem Hauptaltar. – **“Campendonk Fenster”** in der **Christkönigkirche.** – **Stadtmuseum** mit Dauer- und Wechselausstellungen. – **Bergwerksmuseum.** – **Geschichtslehrpfad.**

Spazierwege

Zu den Osterseen, 1 Std. Dort befindet sich auch das Erholungsgebiet Fohnsee. – Zum Alten Weiher, Badegelegenheit, ¾ Std. – Nach Benediktbeuern, 2 Std., herrliche Klosteranlagen. – Zur Loisach-Schleife, bei Bad Heilbrunn, 1 Std. – Rundwanderweg um die Stadt, bis zu 3 Std. Nach Osten zum Elektrizitätswerk und Unter-Maxkron, dort nach Westen abbiegen, Nonnenwald, Neukirnberg, Kirnberg, hinter dem Campingplatz am Kirnberg- und Hubersee vorbei und auf beliebiger Strecke zur Stadt zurück.

Schwaigeralm am Rechelkopf

REICHERSBEUERN C 2

Gemeinde und Sitz einer Verwaltungsgemeinschaft, Landkreis Bad Tölz, Einwohner: 2050, Höhe: 717 m, Postleitzahl: D-83677. **Auskunft:** Fremdenverkehrsverein Reichersbeuern. **Bahnstation:** Reichersbeuern. **Busverbindung** nach Bad Tölz, Tegernsee und Miesbach.

Auf halbem Weg zwischen dem Tegernseer Tal und dem Jodbad Bad Tölz liegt Reichersbeuern. Das gern besuchte ländliche Ferienziel befindet sich an den nördlichen Ausläufern der Tegernseer Berge in ruhiger und dennoch verkehrsgünstiger Lage, an der Bahnlinie München – Bad Tölz und unweit der B 472 und B 13.

Sehenswert im Ort
Pfarrkirche St. Korbinian, 1636 erweitert und 1880 verändert. Stattlicher Turm mit Zwiebelhaube. – **Schloss Sigriz**, jetzt Landeserziehungsheim (Besichtigung nicht möglich).

Spazierweg und Bergtouren
Rundweg auf den Plattenberg, 879 m, 1½ Std. Von der Ortsmitte unter der B 472 durch zum Mariensteiner Weg. Dort eben über Wiesen und dann zur Höhe des Plattenberges ansteigend. Auf dem bewaldeten Höhenrücken zurück, am Kieswerk vorbei und durch den Naturpark Schorn nach Reichersbeuern. – Zur unbewirtschafteten Schwaigeralm, 1123 m, 2 Std. – Zur Sigrizalm, 1180 m, 2 Std. – Auf den Rechelkopf, 1328 m, über die Sigrizalm, 3 Std. – Auf den Sulzkopf, 1279 m, 2½ Std.

ROTTACH-EGERN D 3

Gemeinde, Landkreis Miesbach, Einwohner: 6800, Höhe: 740 – 1700 m, Postleitzahl: D-83700. **Auskunft:** Kuramt Rottach-Egern. **Bahnstation:** Tegernsee (4 km). **Busverbindung.** Ringlinie um den Tegernsee. **Bergbahnen:** Wallberg-Kabinenbahn, Sessel- und Schlepplifte.

Der heilklimatische Kurort am Südufer des Tegernsees ist einer der bedeutendsten Tourismus- und Wintersportorte des Landes. Auf der weiten Talfläche, wo sich das Rottach- und Weißachtal vereinen, hat sich der Doppelort ausgebreitet. Bereits um das Jahr 1100 urkundlich genannt, gehörten die beiden Dörfer – Egern am Seeufer, Rottach taleinwärts gelegen – mit ihren Höfen und Mühlen jahrhundertelang zum Kloster Tegernsee. Nach der Säkularisierung des Klosters und mit dem Einzug der Wittelsbacher in Tegernsee wurde der malerische Nachbarort Anziehungspunkt für Adelige und Künstler. Das Bauern- und Fischerdorf wandelte sich allmählich zum noblen Kurort, in dem sich auch heute die Prominenz ein Stelldichein gibt. Die liebliche Landschaft lädt zu ausgedehnten Talwanderungen ein; auch die höheren Gebirgsregionen sind für Wanderer und Bergsteiger schnell erreichbar – Bergbahnen und -straßen verkürzen so manchen Anstiegsweg.

Sehenswert im Ort und in der Umgebung
Im Ortskern von Egern die spätgotische **Pfarrkirche St. Laurentius** aus dem Jahre 1111. Frühbarocker Stuck vom Schlierseer M. Fischer (1671/72). Am Hochaltar (1689) von Gregor Höss aus Egern ein Altarblatt von Johann Georg Asam. Votivbilder an der Nordwand erinnern an die Sendlinger Mordweihnacht im Jahr 1705. Das Wahrzeichen der Gemeinde ist der ehrwürdige Kirchenturm aus dem Jahre 1111. – Alter **Friedhof** mit den Grabstätten der Schriftsteller Ludwig Thoma und Ludwig Ganghofer sowie des Opernsängers Leo Slezak. Auf dem neuen Egerer Friedhof sind der Schriftsteller Heinrich Spoerl und der Zeichner und Maler Olaf Gulbransson begraben. – Bauerntheater **„Ludwig-Thoma-Bühne"**, Vorstellungen im Kur- und Kongreßsaal. – **Waldlehrpfad** in Rottach-Trinis, am rechten Ufer der Weißach. – **Seefest** im Juli. – **Roßtag** (Pferdefestzug) Ende August.

Spazierwege und Bergtouren
Nach Bad Wiessee/Abwinkl vom Ortszentrum/See- und Warmbad auf der Seeufer-Promenade, über die Weißachmündung, ¾ Std. – Nach Enterrottach am Rottachdammweg, 1 Std. – Nach Tegernsee, 1 Std. – Nach Gmund über Tegernsee und St. Quirin, 2½ Std. (Rückkehr mit Bus oder Schiff möglich). – Nach Kreuth von der Mündung der Weißach am Ringsee auf dem Dammweg flussaufwärts, 1½ Std. – Von der Wallbergbahn-Talstation am Fuß des Wallbergs über Wolfsgrub, Ellmau und Unterwallberg nach Enter-

Ob Einheimischer oder Gast – der Tegernsee lockt zu stimmungsvollen Bootsausflügen

rottach, 1 Std. – Talwanderung von Trinis am südlichen Ortsausgang ins Kreuther Tal, über Wildbad Kreuth bis zur Siebenhüttenalm, 837 m, 3 Std. (jederzeit abkürzbar). – Ins Suttengebiet/Monialm: von der Ortsmitte am Rottachdamm über Enterrottach und den Wasserfall, 2 Std. (Rückkehr mit Bus möglich). – Von Sutten: Rundweg von der Monialm über Suttensee und Wechselalm, 1 Std. – Von Enterrottach: Talwanderung nach Valepp über Sutten und Ankerstube, 4 Std. – Auf den Riederstein, 1207 m, und die Baum-

gartenschneid, 1449 m, über das Berggasthaus Galaun. Abstieg zum Leeberg-Höhenweg, 4 Std. (leicht). – Auf die Bodenschneid, 1668 m, am Rottachdammweg über Kühzagl und die Kühzaglalm oder über den Enterrottacher Wasserfall und die Bodenalm, 3 Std. Oder von der Bergstation der Sutten-Sesselbahn über den Suttenstein, 1401 m, 1½ Std. – Auf den Wallberg, 1722 m, von der Wallbergbahn-Talstation auf dem Fußweg über Wallbergmoos, 2½ Std. Oder von Wallbergmoos/Ende der Mautstraße, 50 Min. – Auf den Risserkogel, 1826 m, vom Wallberghaus über den Setzberg, 1712 m, und das Grubereck. Abstieg über den Röthensteiner See und die Rottachalm ins Rottachtal und nach Enterrottach, 5 Std. (auch Busverbindung). – Auf den Hirschberg, 1670 m, von Scharling über das Hirschberghaus, 2½ Std. Abstieg über die Rauheckalm, 1¾ Std.

SINDELSDORF A 2

Gemeinde, Landkreis Weilheim-Schongau, Einwohner: 1100, Höhe: 609 m, Postleitzahl: D-82404. **Auskunft:** Gemeindeverwaltung Sindelsdorf. **Bahnstation:** Penzberg (5 km) und Bichl (7 km). **Busverbindung** nach Penzberg und Weilheim.

Sindelsdorf ist ein schön gelegenes Bauerndorf inmitten des Sieben-Seen-Gebietes. Es bietet Ausblick auf die Alpenkette von den Tölzer bis zu den Ammergauer Bergen. Die Autobahn von München nach Garmisch geht unmittelbar westlich der Ortschaft vorbei. Ausfahrt in Sindelsdorf. Franz Marc, einer der bedeutendsten Künstler des 20. Jahrhunderts, lebte von 1909 – 1914 hier und schuf hier seine weltberühmt gewordenen Werke der expressionistischen Malerei.

Spazierwege

Zur Alten Schanze, ¼ Std. Unter der Autobahnbrücke durch und dann links abbiegen. – Zum Königbergwald, 1 – 2 Std. Ein großes, wildreiches Waldgebiet. – Im Süden große Moorgebiete mit vielen Wanderwegen. – Nach Penzberg, 1 Std. – Zum Jagerhütterl, 1 Std. – Ins Mühleckerfilz auf dem Franzosenweg, 2 Std. Nach Mühleck beim „Franz“ vorbei bis zum Moorwirtschaftsgebäude, am Bach links abbiegen, auf dem Franzosenweg durch völlig unberührtes Hochmoor bis zum festen Weg, auf diesem nach links zurück nach Sindelsdorf.

TEGERNSEE D 3

Stadt, Landkreis Miesbach, Einwohner: 4100, Höhe: 730 m, Postleitzahl: D-83684. **Auskunft:** Tegernseer Talgemeinschaft. **Bahnstation:** Tegernsee. **Busverbindung** mit allen Ortschaften im Tegernseer Tal. **Schiffsstation.**

Der heilklimatische Kurort liegt am Ostufer des Tegernsees. Der erste Impuls für die Besiedlung des ganzen Tegernseer Gebietes ging vom Benediktinerkloster Tegernsee aus, das die Brüder Otkar und Adalbert im Jahr 746 gründeten. Sie waren die ersten Mönche und Adalbert der erste Abt. Dieses Kloster wurde die bedeutendste Abtei Südbayerns und war der größte Grundbesitzer im alten bayerischen Kurfürstentum. Überall am nördlichen Rand der bayerischen Alpen wurden um diese Zeit durch Benediktinermönche, die in der Gunst der agilolfingischen Herzöge standen, große Klöster gegründet (Schliersee, Chiemsee, Pfaffenwinkel, Wessobrunn, Benediktbeuern und viele andere mehr). Kaiser und Könige schenkten mit vollen Händen, immer bestrebt, die Klöster leistungsfähig zu halten. Denn diese mussten wiederum nicht nur Naturalien und Zahlungen liefern, sondern auch Klosterknechte und Dienstmannen für die vielen Kriegszüge stellen. Die Mönche kultivierten das Tal, rodeten Wälder, betrieben Landwirtschaft und Viehzucht und führten den Ort zu höchster Blüte. Um das Jahr 900 hatte das Kloster Tegernsee bis weit hinein nach Südtirol und Niederösterreich Besitzungen. So gehörten

ihm 22 Salzpfannen und mehr als 11000 Bauernhöfe. Im Bereich des Klosters konnte sich nicht nur das wirtschaftliche, sondern auch das künstlerische und kulturelle Leben zu hoher Blüte entwickeln. Durch die Ungarneinfälle wurde viel vernichtet, denn nach dem Einfall der Ungarn zog Herzog Arnulf das Klostergut – mehr als 10000 Höfe – ein. Nach der siegreichen Schlacht gegen die Ungarn auf dem Lechfeld (955), rief Kaiser Otto II. um das Jahr 978 Mönche aus Trier in die verlassene Abtei, die sich mit Goldschmiedekunst, Erzguß, Glas- und Buchmalerei befaßten. Hier wurden die ältesten Glasfenster Deutschlands für den Augsburger Dom gefertigt. Der in der mittelalterlichen Buchmalerei bekannte „Ellinger Stil" mit seinen farbenreichen Ornamenten entstand im 11. Jh. im Tegernseer Kloster. So blühten im 10. und 11. Jh. Geist und Kultur von neuem auf, schöner und größer als zuvor. In den hervorragenden Werkstätten des Klosters florierte das Handwerk, besonders gepflegt wurden u.a. die Schreibkunst und Buchmalerei. Kunst und Wissenschaft erhielten ständig neue Impulse durch internationale Beziehungen. Eine führende Rolle spielte das Kloster Tegernsee auch in der Geistesgeschichte des ausgehenden Mittelalters. Am Ende jener Epoche überragte die Klosterbibliothek mit ihren über 2000 Handschriften und 4000 Inkunabeln sogar die Bibliotheken des Vatikans und der Medici. Für ein kalligraphisches Kunstwerk (Meßbuch) erhielten sie Weinberge, Wiesen und Wälder. Kaiser Friedrich Barbarossa (der Rotbart) bestellte sich hier ein Missale und bezahlte es kaiserlich (urkundlich nachgewiesen). Das Kloster Tegernsee war während seines über tausendjährigen Bestandes ein leuchtendes Zentrum deutscher Kunst und Wissenschaft.
Mit der Säkularisierung im Jahr 1803 ging ein Großteil der Kunstwerke und Schriften verloren. 1817 kaufte das bayerische Königshaus der Wittelsbacher, nämlich König Maximilian I., das aufgelöste Benediktinerkloster und ließ das Konventgebäude als Sommerresidenz ausbauen. Die Anwesenheit der bayerischen Könige verlieh dem reizvoll gelegenen Seeort europaweite Bekanntheit. Die Sommerfrische des Königshauses wurde auch für viele Untertanen der liebste Aufenthaltsort.
Mit Festwochen, Konzerten, Ausstellungen etc. will der traditionsreiche Tourismusort heute wieder an die klösterlichen Traditionen in der Pflege der Künste anknüpfen.

Sehenswert in der Stadt

Ehemalige Klosterkirche und jetzige **Pfarrkirche St. Quirin**, im Kern romanisch-gotisch, Basilika 1476 geweiht, 1684/89 barockisiert. 1817 unter König Maximilian I. klassizistischer Umbau durch Leo von Klenze, dabei Türme erniedrigt, barockes Portal an der Westfassade erhalten (am Portal die beiden Klostergründer Adalbert und Otkar mit dem Kirchenmodell – ursprünglich eine Grabplatte vom Münchner Steinmetz Hans Halder 1445/57). Sakristei spätgotisch, Kircheninneres barock: weißer Stuck von italienischen Künstlern, Fresken in leuchtenden Farben von einheimischen Malern wie Johann Georg Asam (Vater des berühmten Brüderpaares Cosmas Damian und Quirin Asam, Quirin Asam wurde 1692 in Tegernsee geboren): Fresken in der Vorhalle (Legenden um den hl. Quirin), über der Musikempore (Lebensdarstellung Jesu), an den Wänden der Quer- und Seitenschiffe (Auferstehung, Himmelfahrt, Hl. Familie, 14 Nothelfer). Von den 14 Altären der Barockzeit nur noch der Hauptaltar und die beiden Seitenaltäre erhalten. Mit zierlichem Rokokoschmuck die Quirinus-Kapelle im nördlichen Seitenschiff, die Benediktuskapelle im südlichen. – **Museum** Tegernseer Tal (im alten Pfarrhaus): Kultur und Geschichte. – **Olaf-Gulbransson-Museum** im Kurgarten; jeden Montag und im November geschlossen. – **Stieler-Haus**, von König Ludwig I. dem Hofmaler Stieler geschenkt. – **Ludwig-Ganghofer-Haus**. – Villa der Dichterin **Hedwig Courths-Mahler**. – **Ludwig-Thoma-Haus** auf der „Tuften" (Besichtigung auf Anfrage).

– **Schererhof**, Haus von Olaf Gulbransson, hoch über Tegernsee. – **Schlosskonzerte.** – **„Tegernseer Woche"** Ende September. – **Konzerte** und **Theateraufführungen** im Ludwig-Thoma-Saal. – **Bräustüberl** im Herzoglichen Brauhaus Tegernsee.

Spazierwege und Bergtouren

Am Seeufer, ca. 1 Std. Rathaus – Herzogliches Schloss – Hoffischerei – Point – Promenade – Kleiner Paraplui – Stieler-Haus – Kurzentrum – Hallenschwimmbad – Musikpavillon – Tennisplätze – Luitpoldanlage. – Nigglweg zum Lieberhof, 1 Std. Nach St. Quirin, Abzweigung nach der Markierung zum Sengerschlosswald. Schlossweiher. Kobellweg zum Lieberhof. – Auf den Riederstein, 1207 m, 2½ Std., über die Schießstätte zum Auerweg und Riederstein. – Großer Paraplui und Schwaighof, 1 Std. Vom Steinmetzplatz und Karl-Stieler-Straße zum Lärchenwald, Walderlebnispfad über das Stieler-Denkmal zum Großen Paraplui; herrlicher Ausblick auf das Tegernseer Schloss und die Egerner Bucht. Weiter zum Leeberg-Höhenweg nach Schwaighof. – Nach Kaltenbrunn, mit Kahn oder Motorboot, 1 Std. Besonders schöner Blick über den See zum Gebirge. – Höhenweg nach Gmund, 1½ Std. Vom Bahnhof immer ansteigend zum Hotel Bayern, dem ehemaligen Sengerschloss; oberhalb davon das Sanatorium Westerhof. Vorbei an der „Wacht" geht es durch Wiesen und Jungwald nordwärts, wobei man auf bequemen Wegen Unterbuchberg erreicht. Nun steil abwärts nach St. Quirin und neben der Bundesstraße und dem See weiter bis Gmund. Man kann von Unterbuchberg über Oberbuchberg zur Ortschaft „Gasse" weitergehen und über den Florianibrunnen nach Gmund gelangen. – Zur Gindelalm, 1242 m, 2½ Std. Vom Bahnhof zum Sanatorium Westerhof ansteigend kommt man auf der mit N bezeichneten Route durch Wald zum Neureuthaus, 1264 m. Von dort führt ein Weg (N 2) auf der Höhe des Ostiner Berges gegen Osten zur Gindelalmschneid, 1335 m (leicht). Kurz vorher zweigt ein Weg nach links zur Gindelalm ab.

URFELD A 5

Dorf der Gemeinde Kochel am See, Landkreis Bad Tölz-Wolfratshausen, Einwohner: 100, Höhe: 802 m, Postleitzahl: D-82432. **Auskunft:** siehe Walchensee. **Bahnstation:** Kochel am See (8 km). **Busverbindung** mit Kochel am See, Garmisch-Partenkirchen, Tegernsee, Wolfratshausen und Walchensee.

Am nördlichsten Punkt des Walchensees liegt Urfeld. Die Straße steigt von dort zur Kesselberghöhe an, die direkt oberhalb der Ortschaft liegt. Die Ruhe des ganz von Waldgebiet umschlossenen Sees wurde jahrhundertelang nur von den Fischern der Klöster Schlehdorf und Benediktbeuern gestört. Erst mit dem Ausbau der Kesselbergstraße unter Herzog Albrecht V. im Jahr 1492 wurde es lebhafter am Walchensee, obgleich die Straße mit 21% Steigung bei den Fuhrleuten nicht gerade beliebt war. Der Einlaufstollen des Walchenseekraftwerkes mündet bei Urfeld. Das Wasser fließt im Stollen unter der Kesselberghöhe hindurch und stürzt jenseits durch Druckrohre hinab zum Kraftwerk am 200 m tiefer liegenden Kochelsee.

Spazierwege und Bergtouren

Nach Sachenbach, ½ Std., am Ostufer entlang mit Blick über den See; von dort weiter nach Niedernach, ½ Std. – Nach Jachenau, 2 Std. Zuerst wie vorher bis Sachenbach, von dort jedoch landeinwärts auf einem guten Sträßchen bis zum hübsch gelegenen Dorf Jachenau im gleichnamigen Tal. – Auf den Herzogstand, 1731 m, 2¾ Std. (leicht). Man erreicht über einen Steig, der am nördlichen Ortsende beginnt, den von der Kesselberghöhe herüberkommenden Reitweg, der bequem über die Herzogstandhäuser zum Gipfel führt. Für den Abstieg kann man die Kabinenbahn von den Herzogstandhäusern nach

Walchensee benützen und mit dem Bus nach Urfeld zurückkehren. – Auf den Jochberg, 1565 m, 2¼ Std. Zuerst auf die Kesselberghöhe, 858 m, ¼ Std. Von dort nach rechts und direkt (ohne den Umweg über die Jocheralm) zum Gipfel. Abstieg evtl. über die Jocheralm und Sachenbach, 1½ Std.

VORDERRISS B 6

Weiler der Gemeinde Lenggries, Landkreis Bad Tölz-Wolfratshausen, Einwohner: 50, Höhe: 782 m, Postleitzahl: D-83661. **Auskunft:** siehe Lenggries. **Bahnstation:** Lenggries (22 km). **Busverbindung** nach Garmisch-Partenkirchen und Eng (nur im August).

Einsam, aber hübsch liegen die paar Häuser, die mit dem Jagdschloss zusammen dem Weiler und der Gegend den Namen geben. Hier fließt der Rißbach aus den Karwendelbergen in die ungebändigte Isar, die bald darauf im Sylvensteinsee mündet. Rings von Bergen umschlossen stehen im Westen die Zugspitze, im Süden die Vogelkarspitze, die Östliche Karwendelspitze und der Torkopf.

Spazierwege und Bergtouren

Wanderung entlang der Südseite der Isar nach Westen, beliebig weit. Zunächst über die Isarbrücke auf die Nordseite, dann hinter Ochsensitz über die in die Grasbergau führende Brücke und von dort entlang der Südseite. Bis zur Grasbergau-Niederalm, 1¼ Std. – Ins Fischbachtal, beliebig weit, wie zuvor in die Grasbergau, bis zur Brünstalm, 1½ Std. – Nach Jachenau über den Rißsattel, 1223 m, 2½ Std. (leicht). Steil empor zum Sattel, 1 Std.; von dort dem Tal des Wilfetsbaches folgend über die Luitpolder- und Laineralm nach Jachenau. – Auf den Schafreiter, 2102 m, 4½ Std. (mittel). Zunächst dem Sträßchen nach Hinterriß folgend bis links der Reitsteig abzweigt, diesem folgend empor zum Sattel zwischen Grasköpfl (links) und Schafreiter (rechts). Man wendet sich nach rechts und erreicht über die Moosenalm und das Kälbereck den Gipfel, der erst auf den letzten Metern am Grat Schwindelfreiheit verlangt.

WAAKIRCHEN CD 1

Gemeinde, Landkreis Miesbach, Einwohner: 5650, Höhe: 759 m, Postleitzahl: D-83666. **Auskunft:** Verkehrsamt Waakirchen. **Bahnstationen:** Bad Tölz (8 km) und Schaftlach (3 km). **Busverbindung** nach Bad Tölz, Tegernsee und Miesbach.

Der Ort liegt im Vorgelände des Tegernseer Tales und ist von Bad Tölz und Bad Wiessee gleich weit entfernt. Man hat von hier aus täglich Gelegenheit, alle Ziele rund um den Tegernsee zu erreichen. Zur Gemeinde gehören die Orte Hauserdörfl, Krottenthal, Marienstein, Piesenkam, Riedern, Schaftlach und Waakirchen sowie zahlreiche Weiler und Einöden. Das weitläufige Bauerndorf breitet sich am Nordrand der Tegernseer Berge aus. An der ehemaligen Salzstraße zwischen Miesbach und Bad Tölz gelegen, erscheint der Ort „wacherichan" erstmals im 11. Jh. in Tegernseer Urkunden. 1737 vernichtete ein Großbrand die Kirche und fast das ganze Dorf. Heute sind besonders die Sängergruppen aus Waakirchen bekannt.

Sehenswert im Ort und in der Umgebung

Die ursprünglich spätgotische **Pfarrkirche St. Martin** erhielt 1737 eine barocke Erneuerung und einen barocken Zwiebelhelm. – Das mit drei Relief geschmückte und 10 m hohe **Löwendenkmal** zur Erinnerung an die Sendlinger Bauernschlacht 1705, in der Balthasar Mair („Schmied von Kochel" genannt), der hier im Jahr 1644 geboren ist und bis zum Schluß Widerstand leistete. – In **Georgsried** die **Kirche St. Georg** mit einem spätgotischen Netzgewölbe. Schlußstein im Altarraum mit dem Tegernseer Wappen. –

Am Jakobstag (25. Juli) begeht die Kirchengemeinde von **Piesenkam** ihr Patrozinium; die **Jakobskirche** ist ein Kleinod am bekannten Jakobsweg. Der ursprünglich spätgotische Bau wurde in der Barockzeit verändert. Sehenswerte Deckengemälde von J. S. Troger. – In **Schaftlach** wurde die **Heilig-Kreuz-Kirche** 1476 geweiht, interessante Netzgewölbe und Spitzbogenfenster im Langhaus. Einrichtung 17. Jh. In der Kirche befindet sich eines der ältesten romanischen Kreuze aus dem 11. Jh. – Das **Kloster Reutberg** mit Gaststätte und schattigem Biergarten. Herrlicher Aus- und Rundblick! – Am Barbaratag, 4. Dezember, gedenken die Bergleute im Ort **Marienstein** ihrer Geschichte als Kohle-Bergwerks-Ort. – Am 1. Sonntag im Mai führt der **Kreuzritt** von Schaftlach zum Freikircherl. – Bademöglichkeiten im nahegelegenen **Kirch- und Tegernsee**. – **Minigolfplatz** bei der **Krottenthaleralm**.

Spazierwege

Zum Kloster Reutberg mit schönem Biergarten und über Schaftlach weiter zum 1 km entfernten Kirchsee, 1 Std. – Nach Marienstein, 808 m, ½ Std. Über Wiesen und durch Wälder führt der Weg an Hörpoint vorbei direkt zum Ort. – Nach Bad Wiessee, ca. 4 Std., über Marienstein und den Nesselscheiberücken, 1256 m (leicht). Umfassende Fernblicke. Zum Abstieg nach Bad Wiessee wählt man die Route über die Holzeralm. – Schöne Radwege zum nahegelegenen Kirchsee (Moorsee).

WACKERSBERG BC 2

Gemeinde, Landkreis Bad Tölz-Wolfratshausen, Einwohner: 3300, Höhe: 745 m, Postleitzahl: D-83646. **Auskunft:** Gemeindeamt Wackersberg. **Bahnstation:** Bad Tölz (4 km). **Busverbindung** nach Bad Tölz und Lenggries.

Die aus zahlreichen Ortsteilen bestehende Gemeinde Wackersberg befindet sich südwestlich von Bad Tölz. Seine herrliche, von weiten Wiesen und stillen Wäldern geprägte Landschaft, durch die vielzählige gepflegte Wanderwege führen, machen den Ort zu einem vielbesuchten Ausflugsziel.

Spazier- und Wanderwege

Nach Bad Tölz, ¾ Std. – Zur Waldherralm, 20 Min. – Nach Sauersberg über das Lehenkirchl, ¾ Std. – Nach Untermberg, ¾ Std. – Nach Steinbach über die Bibermühle und entlang der Isar, ¾ Std. – Nach Lenggries über die Bibermühle und Steinbach,1¾ Std. – Wanderweg nach Fischbachau, ¾ Std. – Wanderweg von Bad Tölz Richtung Buchberg, Reit und Stallau, 1 Std.

WALCHENSEE A 5

Dorf der Gemeinde Kochel am See, Landkreis Bad Tölz-Wolfratshausen, Einwohner: 600, Höhe: 804 m, Postleitzahl: D-82432. **Auskunft:** Tourist-Info Walchensee. **Bahnstation:** Kochel am See (12 km). **Busverbindung** nach Kochel am See und Mittenwald. **Bergbahn:** Herzog-Kabinenbahn.

Die markant vom Herzogstand überragte Ortschaft Walchensee befindet sich am Westufer des gleichnamigen Sees. Sie ist Ausgangspunkt zahlreicher Wanderungen in die westlich anschließenden Walchensee-Berge sowie zum Süd- und Ostufer des Sees.

Sehenswert im Ort und in der Umgebung

Die **Kirche St. Jakob** von 1603, umgebaut 1712/14. – In **Zwergern** die **Kirche St. Margareth,** im Kern mittelalterlich, mit Fresken aus dem 14. Jahrhundert im Altarraum, sonst barocke Ausstattung. – Beim Klösterl die **Kirche St. Anna,** wobei die Kapelle von 1688 den Altarraum der 1728 vergrößerten Kirche darstellt.

Spazierwege und Bergtouren
Uferweg über die Halbinsel Zwergern nach Einsiedl, 1 Std. – Schöne Aussicht: Über Gamsreibenweg zurück nach Walchensee, 2½ Std. – Hofhaltsweg: über Fuchsloch zurück nach Walchensee, Blick zum Karwendel, 2½ Std. – Zur Schlucht (Sackgasse), 1 Std. – Albert-Schmidt-Weg: Höhenweg auf der Halbinsel Zwergern, 1 Std. – Steig zum Herzogstand, 1731 m, 2½ Std. (nur für Geübte). – Steig zum Heimgarten, 1790 m, über die Ohlstädter Alm, 3½ Std.

Blick über Walchensee zum Herzogstand

Telefonnummern der wichtigsten Alpengasthöfe und Unterkunftshütten

Bayerische Voralpen

Aueralm	08022/83600
Bauer in der Au	08022/81171
Bayernhütte	08042/8973
Blomberghaus	08041/6436
Brauneckhütte	08042/8786
Buchsteinhütte	08029/244
Florianshütte	08042/8900
Hirschberghaus	08029/465
Kirchsteinhütte	08042/3313 + 0172/8527795
Lenggrieser Hütte	0161/1816583
Neulandhütte	08856/5786
Neureuthaus	08022/4408

Quengeralm	08046/2934
Sonnenbichl	08022/98730
Stieralm (Idealhanghütte)	08042/2363
Tegernseer Hütte	0161/1836381
Tutzinger Hütte	0175/1641690
Karwendelgebirge	
Alpenhof	05245/207
Binsalm	05245/214
Engalm	05245/227 + 226
Eng-Alpengasthof	05245/231
Falkenhütte (Adolf-Sotier-Haus)	05245/245 + 05243/5134
Falzthurnalm	0664/3420236
Gaisalm	05246/20062
Gernalm	05243/5579
Gramaialm-Hochleger	05243/5166
Hinterriß/Gasthof zur Post	05245/206
Karwendelhaus	05213/5623 + 05264/5492
Krinner-Kofler-Hütte	08823/2391 + 5584
Lamsenjochhütte	05244/62063 + 05283/29090
Pleisenhütte	05213/5491 + 0663/9158792
Plumsjochhütte	05243/5487
Seewaldhütte	0664/3537019
Soiernhaus	0171/5465858 + 08825/1429
Stallenhütte	05242/38492
Tölzer Hütte	0664/1801790 + 0911/551177
Rofan	
Adlerhorst	05246/6206
Dalfazalm	0663/9159807
Erfurter Hütte	05243/55 17 + 5150
Rofan-Alpengasthof	05243/5058

Telefon- und Faxnummern der Tourismusvereine

	Telefon	Fax
Achenkirch	05246/6270	6780
Bad Heilbrunn	08046/323	8239
Bad Tölz	08041/7867-0	7867-56
Bad Wiessee	08022/8603-0	8603-30
Benediktbeuern	08857/248	9470
Bichl	08857/488 + 238	
Gaißach	08041/8047-10	8047-09
Gmund am Tegernsee	08022/7505-27	7505-45
Jachenau	08043/368	
Kochel am See	08851/338	5588
Königsdorf	08179/9312-0	9312-22
Kreuth	08029/1819	1828
Lenggries	08042/5008-20	5008-40
Penzberg	08856/813-121	813-136
Reichersbeuern	08041/7822-0	
Rottach-Egern	08022/6713-41	6713-47
Sindelsdorf	08856/2661	
Tegernsee	08022/180140	3758
Waakirchen	08021/9028-0	9028-32
Wackersberg	08041/2093	73365
Walchensee	08858/411	275

Alle Angaben ohne Gewähr!

Die richtige Ernährung für die Tour

Stellen Sie sich nicht auch vor jeder Tour erneut die Frage: Was packe ich an Proviant in meinen Rucksack und worauf muss ich dabei besonders achten?

Dass die Ernährung auf Touren, sei es mit dem Rad oder zu Fuß, eine entscheidende Rolle spielt hat jeder Outdoor-Sportler schon am eigenen Leib gespürt. Wer hat sich, wenn die Energien zur Neige gehen und der Hunger einsetzt, nicht schon über die zerquetschten Bananen und zerdrückten Äpfel im Rucksack geärgert? Das gute alte Wurstbrot ist keine geeignete Alternative. Es liegt so schwer im Magen, dass erst einmal ein Verdauungs-Schläfchen fällig ist. Gängige Schokoriegel liegen zwar nicht ganz so schwer im Magen, doch haben sie dem Körper nicht viel zu bieten.

Auch die Wahl des richtigen Getränks ist nicht einfacher. Denn entgegen landläufiger Meinung ist die Apfelschorle keineswegs das optimale Sportgetränk, da sie aufgrund zu geringen Gehalts an Natrium zu langsam vom Körper aufgenommen werden kann. Auch schwierig ist die Frage der richtigen Menge: Bei einer kleinen Flasche ist der Vorrat schon vor dem Gipfel verbraucht und bei einer entsprechend größeren Menge wird das Gewicht auf dem Rücken nicht mehr tragbar.

In der Sporternährung hat sich in den letzten Jahren viel getan. Mittlerweile gibt es speziell entwickelte Produkte, wie z.B. Energieriegel und Getränkepulver, die sich hervorragend für die Mitnahme auf Touren eignen. Pionier ist die Firma **PowerBar**, die sich seit 16 Jahren auf diesem Gebiet engagiert.

Der Original-Energieriegel ist der **PowerBar Performance**, ein Kohlenhydrat-Haferkleie-Riegel. Die lange haltbaren Riegel sind einzeln wasserdicht verpackt und schmecken auch noch nachdem sie schon einige Zeit im Rucksack transportiert wurden. Durch die gute Verdaulichkeit des Riegels bleibt der Magen völlig unbelastet. Der Riegel stellt dem Körper wichtige Vitamine, Mineralstoffe und Proteine sowie eine bedarfsgerechte Kombination von Kohlenhydraten zur Verfügung. Trotz des hohen Energiegehalts enthält der Riegel kaum Fett und ist somit für den Sport ideal. Der **PowerBar Harvest** ist ein knuspriger Energieriegel mit echten Frucht- oder Schokoladestücken. Er sorgt ebenfalls über einen längeren Zeitraum hinweg für die nötige Power auf der Tour. Der knusprige Snack enthält wichtige Vitamine und Mineralstoffe und liefert somit hochwertige Energie. Der Eiweißriegel **ProteinPlus** enthält Aminosäuren, die die Muskulatur versorgen, wenn der Körper bei hohen Belastungen Energie aus Eiweiß bereit stellen muss. Somit unterstützt dieser Riegel effektiv die Regenerationsphasen nach körperlicher Belastung.

Noch wichtiger als das Essen ist das Trinken. Die richtige und wohl dosierte Flüssigkeitsaufnahme ist gerade bei sportlicher Belastung essentiell. Deswegen sollte man auf Touren - wenn möglich - am besten in kurzen Abständen kleinere Mengen trinken. Hier liegt die perfekte Lösung im konzentrierten Getränkepulver. Dieses gibt es auch in kleinen Portionen, aus denen man sich an jeder Quelle einen halben bzw. einen ganzen Liter Getränk mischen kann (z.B. **PowerBar HydroPlus** in Einzelverpackungen, die 0,5 Liter Getränk ergeben). So kann man auch unterwegs den Vorrat nach Bedarf wieder auffüllen, ohne schwer beladen zu sein oder irgendwann den Proviant aufgebraucht zu haben. Ein weiterer Vorteil der speziell konzipierten Sportgetränke ist ihr bedarfsgerechter Gehalt an Kohlenhydraten, Vitaminen und Mineralstoffen.

Unsere Empfehlung für die nächste Tour: Zwei PowerBar Performance oder PowerBar Harvest und zwei Einzelbeutel PowerBar HydroPlus. Versorgen Sie Ihren Körper mit der nötigen Energie und machen Sie den Tag zu einem anhaltenden Outdoor-Erlebnis!

Alle PowerBar Produkte sind im gut sortierten Sport-Fachhandel erhältlich. Weitere Informationen unter **www.powerbar-europe.com.**

ISB N 3-85491-234-X
€ 6,95
9 783854 912347
WK 182